U0035086

股票獲利智典③ 日內交易篇

1日內交易

最佳5檔 5分鐘K線
移動平均線
極短線看盤攻略

RSI
KD
MACD

股票獲利智典 3
日內交易篇
移動平均線
極短線看盤攻略

出版序

一面學習技術，一面勝者分享

股票，愈來愈難做！

一場離台灣十萬八千里的「歐債危機」，把原本有機會挑戰「萬點行情」的台股打得七零八落。許多投資人都在問「為什麼？」

事實上，做股票這件事本來就不必問「為什麼」，只能問「怎麼做」。

未來行情怎麼走，沒有人可以提前知道，但全球金融與經濟互相影響、連動，未來必然愈來愈密切，也就是說，即使你的投資標的僅僅是台股，但你所需要關注的不會只有國內的政治、經濟，也不會只是所投資企業的業績，因為影響你所投資企業的行情，可能來自一個你從來沒有想過的事件。

未來行情將愈來愈動盪。

但是在行情劇烈動盪中，既有大幅虧損的人，也永遠不乏借機大賺的人。

這是因為不管股市上漲還是下跌，總會有一些積極運作的聰明人存在其中。

這些人的方法就是巧妙的利用市場波動，進行超短期交易。當然，當很明顯處於上升行情時，並非沒有中期投資的機會，但是在紛亂行情中，最頻繁出現交易機會的，是在幾分鐘或幾十分鐘內完成一筆一筆的「1日內交易」。

吸引人們把錢放在1日內交易的，是因為他們只要在行情上漲的時候買進，行情轉為下跌時賣出就可以了。而且，所執行的交易獲利或虧損僅在1天內結束，明天，天亮了，交易又是重新開始。不用多餘的煩惱，今日事今日畢——這就是超短期交易的魅力所在。

在全世界都動盪的局勢下，仍能獲利的人，有很多屬於這一種類型。

當然，不能說從事當沖、1日內交易沒有失敗的人（事實上，失敗的人非常非常多），但是，與其看著好不容易千挑萬選買進的「好股票」因為金融海嘯，又因為歐債、美債被腰斬而不知如何是好，學習1日內交易，也是另一種投資思維。

事實上，1日內交易是相當難的一門技術，而且，它幾乎沒有

股票獲利智典 3 篇
1
日內 交易
最佳 5檔 5分鐘K線
移動平均線
極短線看盤攻略

出版序

１００％取勝的方法。最叫人觀感不佳的是，它是利用槓桿倍率操作，所以輸贏相當大，以期貨交易為例，不懂控制資金的新手一天之內就讓幾十萬保證金「秒殺出場」，一點也不算新聞。

當然，它有其魅力所在，喜愛從事期貨、當沖的投資人，不管光景如何，將其視為畢生事業的也相當多。

任何事情都有兩面性，投資更是如此，能享受投資所得豐碩的果實之前，沒有歷經風險與學習，是不可能獲得的。

本書系未來的企畫方向，將會針對1日內交易類型的投資，做技術上的分享。

前面我們提過，1日內交易的難度高、風險大、沒有穩定的取勝方法，因為交易期間短，所以變數很大，雖然我們會逐步的從K線、行情板、均線、交易標的的選擇等等把一些「通則」做說明，但事實上，要想掌握其交易精髓，還是只能靠投資人慢慢摸索、檢討，並建立自己的交易模型。為此，未來本系列書籍將有勝者的案例專訪。

專訪的對象，不一定是名人或是什麼賺進幾個資本額的達人，而是著重於交易者本身能整理出自己一套交易邏輯－－既可行又實用，既可穩定獲利又可控制風險的交易方法。

事實上，對１日交易者而言，能做到這樣的目標，就已經是「勝者」了，接下來只要能控制好ＥＱ，穩定操作，獲利乃是遲早的事。

恆兆文化　編輯部

股票獲利智典③
1日內交易篇
最佳5檔5分鐘K線
移動平均線
極短線看盤攻略

Contents

2 1日內交易基本原則

3 狙擊行情技巧

Contents

4 5分鐘K線買進訊號

5 5分鐘K線賣出訊號

最佳五檔; 與委買委賣

股票獲利智典 3
日內交易篇
最佳 5檔 5分鐘K線
移動平均線
極短線看盤攻略

Contents

Part 1

話說
1日內交易

RSI
KD
MACD

01　為什麼也要學習1日內交易

說到「行情」，本來就沒有人能預知「明天」、「下週」的行情如何。但在全球經濟變動更趨於一體化的現在，判斷長期股價走勢變得越來越困難。從PER（本益比）、PBR（股價淨比）等指標(詳見「股票超入門03「基本分析」)判斷股票價格，這是以前投資人常用的評估標準(理論值)。但是，在全球陷入金融恐慌的時候，市場走勢受衍生性金融商品、當沖交易、國際熱錢等等的影響，往往行情無法按照理論值。這時，可以信賴的只有當下的股價變動了。

台幣貶值(升值)、歐洲債、美國股市等各種各樣的原因，隨便哪一個都可以成為誘發行情漲跌的導火線。而投資者可以信賴的是，在每一天多次出現上下波動中，靈活把握機會賺取利潤，以2011年7月、8月台股為例，雖然整體來看台股是下跌的趨勢，假設你正處於2011年8月19日這天，下個交易日(8月22日)你該怎麼做呢？事實上，只要股價有波動，就有交易機會。例如改做期貨當沖，爭取短線獲利。

空頭市場找不到進場機會時……
2011.6月~8.19大盤走勢線圖
9000
8500
8000
7500
2010/06
07
08
08/19

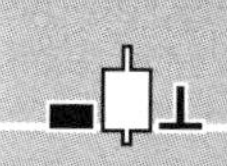

圖1：2011.08.22台指期1日內交易模擬圖

圖片來源：台灣工銀證券

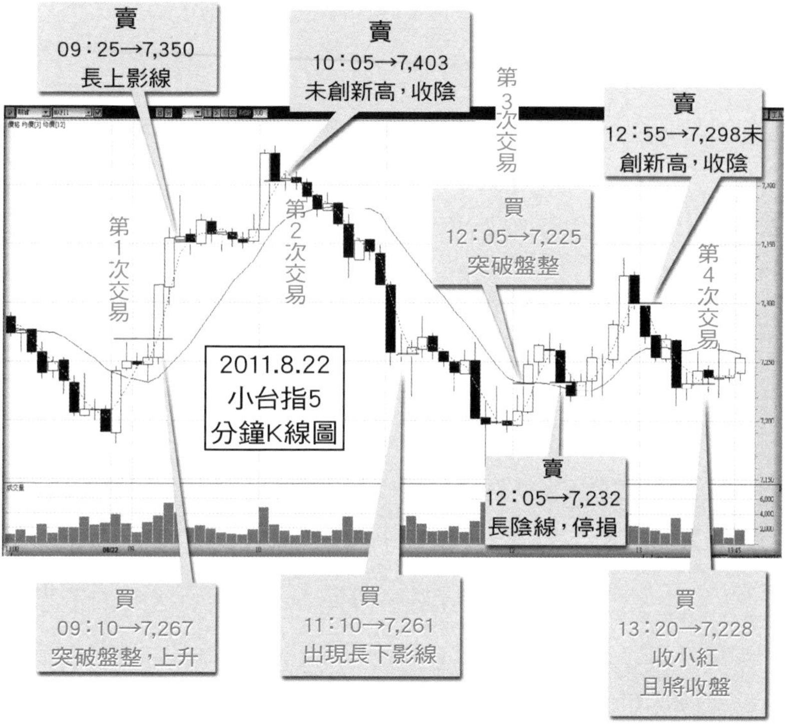

賣
09：25→7,350
長上影線

賣
10：05→7,403
未創新高，收陰

第3次交易

賣
12：55→7,298未創新高，收陰

第1次交易

第2次交易

買
12：05→7,225
突破盤整

第4次交易

2011.8.22
小台指5
分鐘K線圖

賣
12：05→7,232
長陰線，停損

買
09：10→7,267
突破盤整，上升

買
11：10→7,261
出現長下影線

買
13：20→7,228
收小紅
且將收盤

POINT

紛亂行情下，長線趨勢不好捉，反而日內交易有機會，本例的交易機會有4次，雖然有一次必需停損，但即使是整體處於下滑趨勢中，仍然有獲利的機會。

02　要捉住1日行情，要做很多功課

聽到「只要行情有波動，就有機會獲利」這句話，一開始會覺得這種交易好像很投機，好像交易者只圖輕鬆賺大錢，事實上，1日內交易是件很辛苦的工作，交易者本身也要有相當的學習與準備。

比如，美股表現不佳，大多數的指標也會跟著開始下降；另外，若台幣開始貶值的話，和出口有關的企業股票則會上漲，相對的，當台幣升值，具有資產概念的傳統產業並不需要什麼業績，股價就會上漲。

如上所述，總體看來有可能會對股票市場波動產生影響的資料是必須提前掌握的。例如，當外匯兌換從台幣走高轉為貶值的話，與出口相關的企業勢必會積極行動起來，這時「買進優勢」就即將出現。此時，投資者只需順勢而為就可以。相反，如果台幣升值的話，與出口相關的企業的股票會被賣出，而內需相關的股票將開始活躍。

美國的股價也是一樣，如果出現短時間內迅速上升，那麼一般來說，國內的股票市場也會開始上漲⋯⋯。縱觀整體的市場環境，掌握大體行情的發展方向，在這個基礎之上預測行情變動——這是1日內交易中重要的思考方法。

圖2：台股與美股連動性高

圖片來源：XQ全球贏家

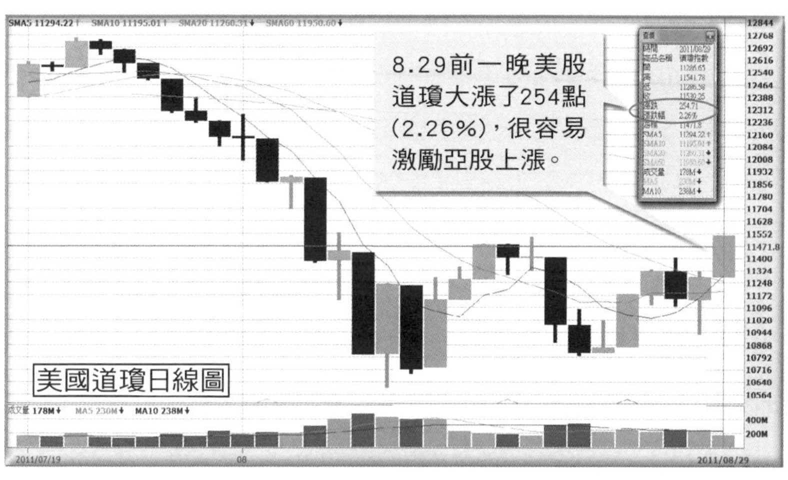
8.29前一晚美股道瓊大漲了254點(2.26%)，很容易激勵亞股上漲。
美國道瓊日線圖

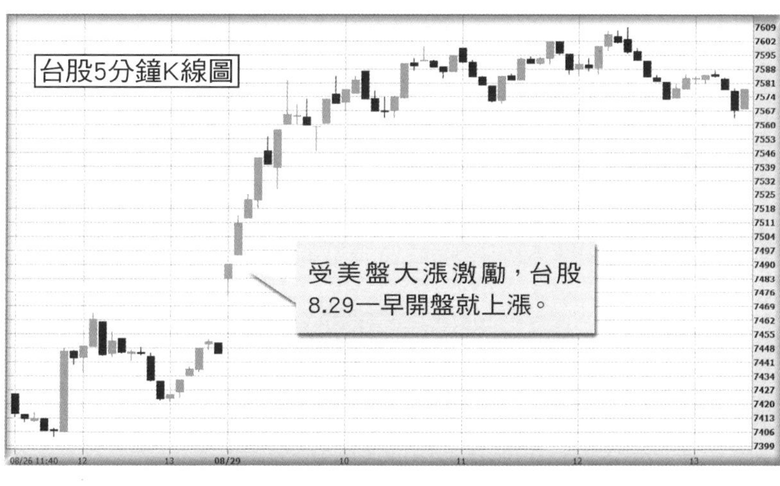
台股5分鐘K線圖
受美盤大漲激勵，台股8.29一早開盤就上漲。

03　行情震盪，交易機會增加

股價上下波動，在早上剛開盤的時候尤其會頻繁出現。而這種現象當市場對行情見解分歧時，尤其容易出現。

以2011年9月7日的行情為例，一面來說，全世界都擔心二次經濟衰退，另一面來說，經濟指標又出現好轉的消息，所以，前一晚美盤的表現出現上下數百點的震盪，在這種情況之下，與美國景氣連動比較高的個股，也很容易一早開盤就受到多、空兩股勢力的拉扯，而呈現較大的行情波動。這裡以台股9月7日的大立光(3008)為例，在早上10點半以前，搶短的投資人非但可以不受這種模糊不清的價格趨勢迷惑，反而可以很輕鬆的捉住兩次交易的機會。

事實上，在2008年金融海嘯爆發以來，好不容易熬過金融風暴的股票市場時不時就像驚之鳥，即使明確的利多也很少一個勁的上揚，總是在不斷的上上下下反復中，個別企業儘管營收獲利表現佳，但時不時的系統性風險，諸如2011年的歐債、美債，更讓行情出現盤中的大波動。

價格波動不算壞事，尤其對1日內交易的超短線投資人而言，反而可以透過這種波動，掌握住價差增加獲利，而其關鍵是如何利用股價的變動進行買賣。

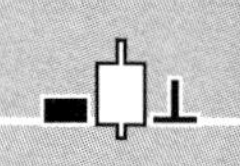

圖3 上漲和下跌都是機會所在

圖片來源：XQ全球贏家

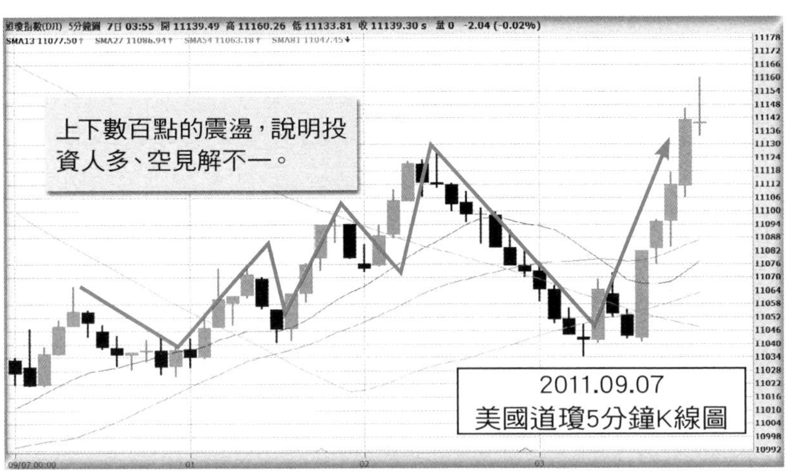
上下數百點的震盪，說明投資人多、空見解不一。
2011.09.07
美國道瓊5分鐘K線圖

受前一晚美盤的影響，大立光先是跳空開高，但隨即出現賣壓，之後又有買盤進入……。
行情震盪不見得是壞事，反而是提供了投資人搶短的機會。

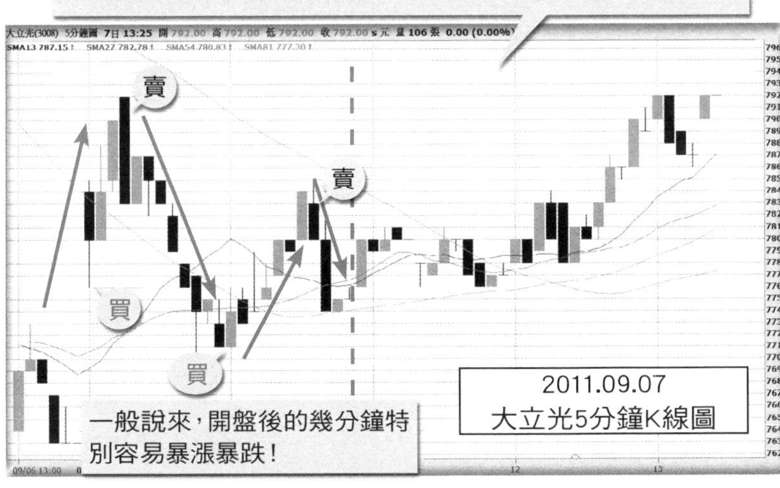
賣
賣
買
買
一般說來，開盤後的幾分鐘特別容易暴漲暴跌！
2011.09.07
大立光5分鐘K線圖

04　順勢買漲，快速拋售

在眾多股票中，股價波動最明顯的是電子股與金融股。電子股因為受到蘋果電腦 i phone 與 i pad 這種創新電子產品的應用，而使得整個產業面臨重新洗牌的局面－－擁有新技術、新概念的電子企業將受到大力的追捧，而無法提出新方向，無法開發出令人眼睛一亮的傳統電子企業則會被人們拋棄；金融業則是受到全球金融不穩定的影響，有時候金融業也受金融政策和經濟政策的手段影響而大起大落。而要掌握這樣的行情，原則就是「順勢加快速」。

本例是華碩(2357)2011.9.6的5分鐘K線圖，圖中所示，當天從開盤起就延續前一天跌勢，在第一根5分鐘K線反彈後，即出現三根長陰線，第三根則出現止跌的下影線，接著連續出現5根陽線。在這裡要特別注意的是，開盤後20分鐘內急跌之後出現下影線，之後很容易出現反彈行情，雖然我們不能很精準的猜出長下影線之後是否止跌上漲，但反彈行情是很有可能的，以本例來講，在圖中標示①的第1根陽線可以視為極短的反彈行情開始，之後的25分鐘，連續出現5根陽線，但第5根陽線已經出現長上影線，在接下來標示②的地方有一根長黑棒，顯示反彈行情結束，若是投資人眼明手快，掌握住關鍵圖形與價位，短短的30分鐘，就可以完成一筆交易。

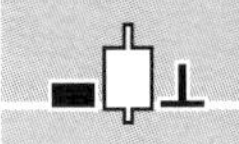

圖4：跟上瞬間的變動獲得收益

圖片來源：台灣工銀證券

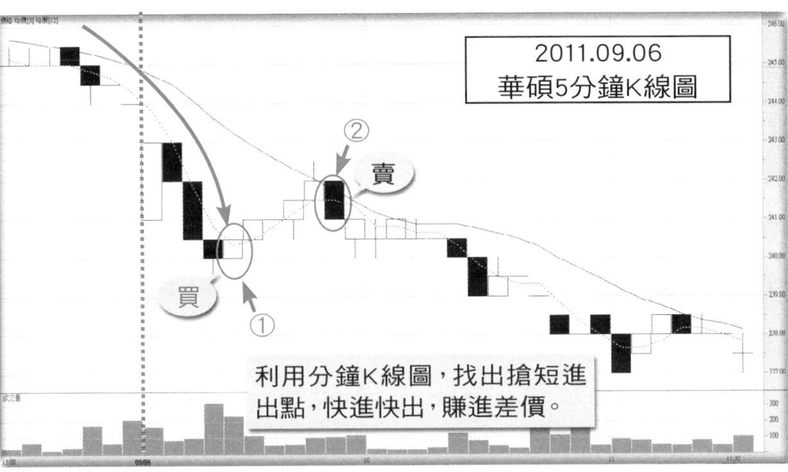
2011.09.06
華碩5分鐘K線圖
②
賣
買
①
利用分鐘K線圖，找出搶短進出點，快進快出，賺進差價。

POINT

與整體走勢相悖開始上揚。這種變化要迅速跟上，下影線出現時也可迅速地跟上股價的上漲。

05 趁優績股下跌時可搶反彈

以大家耳熟能詳的企業台塑(1301)為例。

台塑是國內老牌的績優股，但即使是超級大型的績優企業，也並不表示它不會受到國際金融的影響而暴跌(當然，也有可能是企業自己內部一時的危機造成投資人恐慌而出現暴跌)。不同於其他一般企業，大型的績優股在出現急跌之後，認為「機不可失」的精明投資人很可能會蜂擁而至，因此，當止跌訊號出現時，上漲的機會比一般普通企業還要高，也就是說，從價格的變動來看，績優股急速下跌之後，趁低價而買入的人必定增加。所以，會是投資人加入買進的好機會。

在整體大環境的影響下，好的股票也有可能會連續出現低價，那正是搶短最好的買進機會。這種圖形幾乎在眨眼間就出現上升幅度的波動，重要的是一定要把握住這個反彈的機會。

股價的下跌一般有兩種。經營不善的企業股價下滑和前景光明的企業股價下滑，投資者要買的當然是後者。

將那樣的股票作為投資的目標，反復進行買進和賣出的操作，投資效率將會非常之高。

圖5 績優股是會反撲的股票

圖片來源：台灣工銀證券

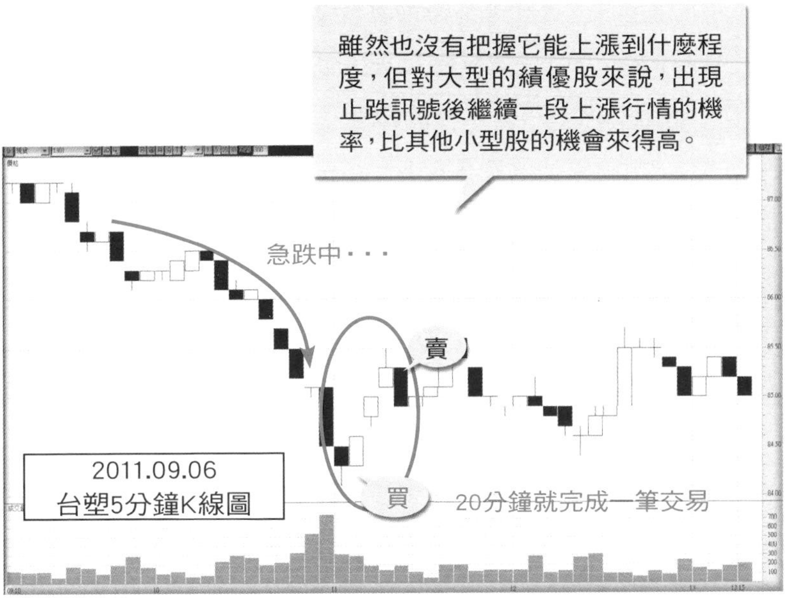

雖然也沒有把握它能上漲到什麼程度，但對大型的績優股來說，出現止跌訊號後繼續一段上漲行情的機率，比其他小型股的機會來得高。
急跌中・・・
賣
買
20分鐘就完成一筆交易
2011.09.06
台塑5分鐘K線圖

POINT

比起一般的企業，大型、有知名度的績優股，容易吸引投資人的資金進入，因此，搶反彈行情，瞄準這一類型的股票，贏的機率會增加。也就是說，如果這一類股票開始上漲的話，一定程度上繼續保持上漲趨勢的可能性較高。

06　一日內反復多空操作

要想在1日內交易中獲勝，如果你只有先低買再高賣這一種方法，可以賺錢的機會就變少了，看到行情有機會上升，先買後賣；看到行情有機會下跌，先賣後賣，如此反復操作，才是極短線的「常勝之道」，但這並不是一定不變的鐵則，有些極短線高手，習慣只做單向交易，也就是他的操作長項是在選擇買進機會，當然，也有人的專長僅在尋找放空(先賣後買)的機會。

一般說來，當整個較大的趨勢傾向上升時，採買進立場操作，勝算的可能性會提高。相反，在行情下跌時，採賣出勝算的可能性會提高。此外，當行情屬於上升和下跌交替出現的穩定行情時，買進和賣出雙方均有相同的獲利機會。

敏感地把握住雙向交易的機會是很重要的。尤其內需型的大型績優股，一面來說，它受外匯市場的影響較小；另一面它的籌碼分散行情不易大波動，以其為1日內的交易標的，失敗的機會相對的減少，當然，實際對它交易時也會發現它的行情變動是「上升也不過如此，下跌也不過如此」，可是，這一類型的股票只要老實地跟上行情的變化，就可以獲得相應的利潤。

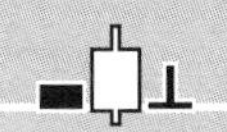

圖6：對大型績優股多空反覆交易

圖片來源：台灣工銀證券

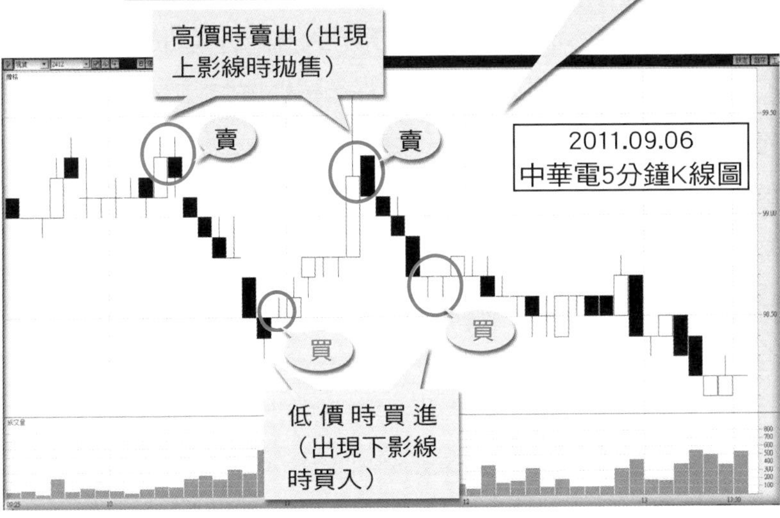
內需、大型的績優股行情波動不大，雖然沒有波瀾壯闊的行情，卻提供投資人相對安全的交易環境。
只要掌握住幾個關鍵的圖形與交易概念，反覆操作慢慢的累積利潤，不失是一個好的投資標的。
高價時賣出（出現上影線時拋售）
賣
賣
2011.09.06
中華電5分鐘K線圖
買
買
低價時買進（出現下影線時買入）

POINT

選擇穩健的優質公司，反復多空交易，只要成本掌握住，也會產生利潤。

07　看好方向，跟上去就對了！

以一天以內的交易為主的投資人請一定要搞清楚，自己的交易若是一天之中數次，那麼，你看待行情的態度絕對不應該固守己見，憑自己經驗就做出「應該是這樣」的判斷。

本例以2011年9月8日的大盤為例，一般說來，當美股漲時，台股通常表現不會太爛，但那只是「一般」的情況，台股不理會美盤表現，甚至「逆向」的情況也很多，對一天交易數次的投資者而言，不管是期貨還是股票當沖，一般都採高槓桿操作，若執意堅持自己的見解，而錯誤的一再「抄底」，那是非常可怕的，以期貨而言，不順著行情趨勢而一味的順著自己的想法，容易在很短的時間內損失一大筆錢，不可不慎。

這麼說，也不是完全不能有自己的行情觀，比方說，當出現台幣大幅升值時，有關出口的股票有機會從早上起就一直下跌，這是一般性規律，只要採取相應的對策就可以了。

但是，行情在適度下跌後必定會上漲，這時需要在適當的價格買進。所以，也不要把交易想的太過複雜了，只要跟著大多數人的方向出手，就是通往勝利的道路。這就是所謂的「順勢而為」。至於中期交易者有時是需要採逆勢交易，但是在短期交易中，順勢而為並及時撤退才是王道。

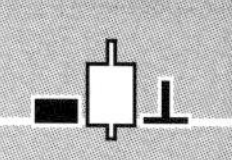

圖7：順勢交易是極短線的王道

圖片來源：XQ全球贏家

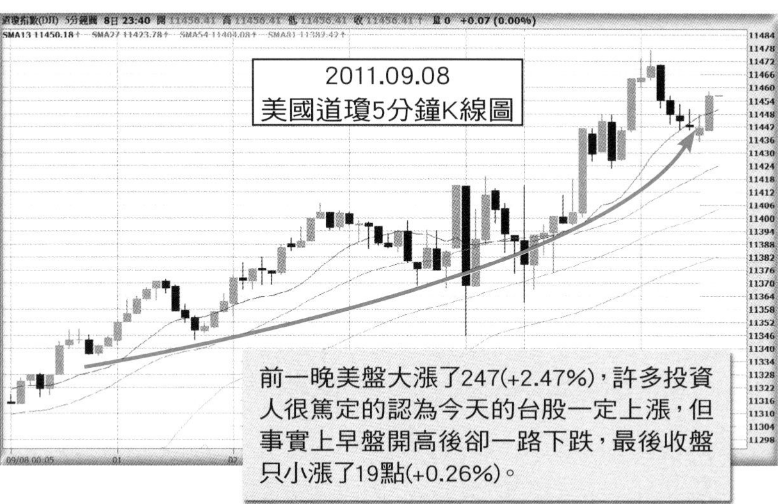
2011.09.08
美國道瓊5分鐘K線圖

前一晚美盤大漲了247(+2.47%)，許多投資人很篤定的認為今天的台股一定上漲，但事實上早盤開高後卻一路下跌，最後收盤只小漲了19點(+0.26%)。

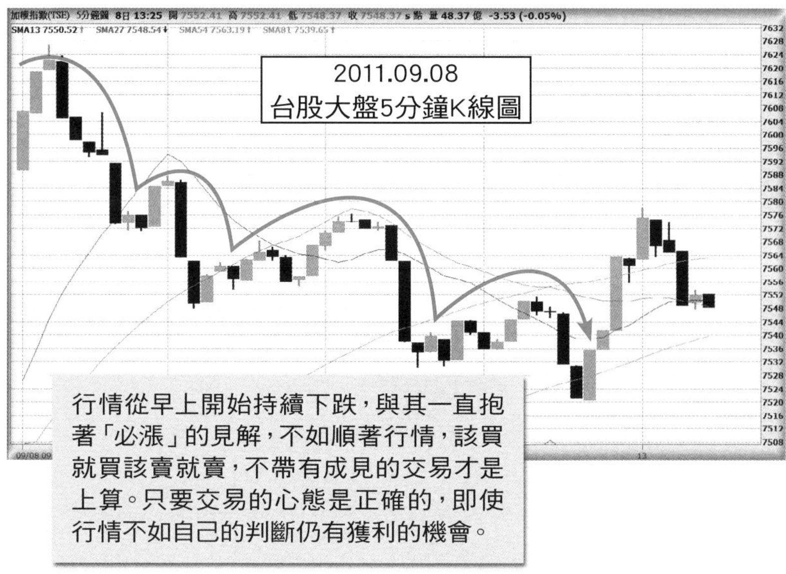
2011.09.08
台股大盤5分鐘K線圖

行情從早上開始持續下跌，與其一直抱著「必漲」的見解，不如順著行情，該買就買該賣就賣，不帶有成見的交易才是上算。只要交易的心態是正確的，即使行情不如自己的判斷仍有獲利的機會。

Part 2 1日內交易基本原則

RSI
KD
MACD

01　入場要慢、出場要快

以中、長期投資為策略的交易者可以透過日線或週線觀察現在的行情位置，但以1日內交易為策略的交易者，最好是先不急著出手，等待行情突破平穩狀態時再出手。這一點非常重要！簡單來講，要訓練自己像精明的獵人一樣，能耐心守候，一天中也許光是等待行情脫離盤整的時間就費掉幾個小時，但一出手捉住機會可能只花幾分鐘就完成一次交易。

本例舉與聯發科(2454)為例，不管你是做期貨還是股票，當行情處於平穩狀態時，除了耐心觀察之外，什麼事情都不要做就是最上算的，要掌握住的是接下來的瞬間將會是什麼走向，上升還是下跌的判斷才是關鍵。一旦打破了了平衡的狀態開始上升或下跌，就應該立刻出手，而且，不要覺得自己出手時好像太晚了，生怕行情又朝逆方向行走，事實上，行情在打破平衡的同時，通常不會只是一小段的行情，立即出手吧，什麼時候都不算晚。就算晚了一點進場也無所謂，只要能捉住差價快速獲利離場都是成功的交易。當行情向上漲時，即使只捉到上漲的中段，向上還會有空間，而當行情最高價一直重覆出現，看起來無法再上一層樓時就是賣出的時候。相反的，若行情向下跌破，就是出手放空的時機，跌到一直無法創新低，或5分鐘K線出現下影線時不管怎樣是撤退的時候了。

圖1：慢慢進場，快快出場

圖片來源：台灣工銀證券

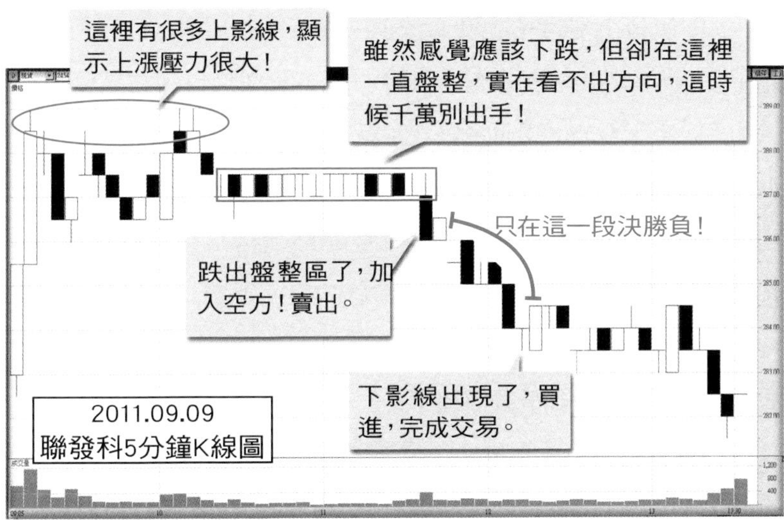

這裡有很多上影線，顯示上漲壓力很大！
雖然感覺應該下跌，但卻在這裡一直盤整，實在看不出方向，這時候千萬別出手！
只在這一段決勝負！
跌出盤整區了，加入空方！賣出。
下影線出現了，買進，完成交易。
2011.09.09
聯發科5分鐘K線圖

02　快速交易，是致勝關鍵

1日內交易能積累財富的第一個條件就是「快速買賣」。

先閉起眼睛想一下，如果今天行情會上漲，圖形是怎麼樣的呢？相信你不會認為行情將從低點一路不回頭的一直漲下去，一般說來，即使是上漲行情也會像波浪一樣，一波一波的上上下下；若是下跌行情，情況也是一樣。而對一位準備採取1日內交易的投資人來說，今天會漲？還是會跌？並沒有那麼的重要，你只要能在這個波浪中捉得住一買一賣的差價就勝利了，所以，從另一個角度來看，採取1日內交易的方式是比較簡單的，但初入門者必需花時間熟悉這種交易節奏，並且能不帶情感的快速買賣，有時候，當你研究好行情決定「就在這裡買！」時，只因為手腳太慢，或者沒有事先設計好交易畫面，行情就溜掉了。

也有1日內交易的投資人是採取較長的交易策略的（波段交易）雖然也有人說那樣子的獲利比較豐厚，且能省掉很多手續費，不過，相對來講採波段交易萬一看錯方向會承受很大的心理壓力，而且不容易執行「1日內」交易，往往必需等待到隔天甚至更久，那就不是本書所談的1日內交易了。

1天中的行情經常是在上上下下小幅波動，這是投資人在出現利潤後賣出，或是放空後出現利潤就買回所致。

所以，對當沖者來說，必須做到行動比別人快。當大盤和5分鐘K線顯示賣出增多的時候，必須執行賣出。相反的情況也一樣。

圖2 快速進出是當沖獲利關鍵

圖片來源：台灣工銀證券

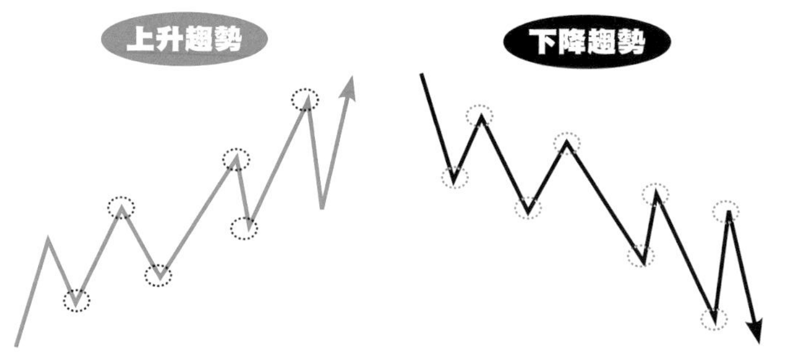

上升趨勢
下降趨勢

POINT

行情反復出現漲了又跌、漲了又跌。這種波動中一定可以賺取小幅的利益。
迅速展開交易，準確把握機會。

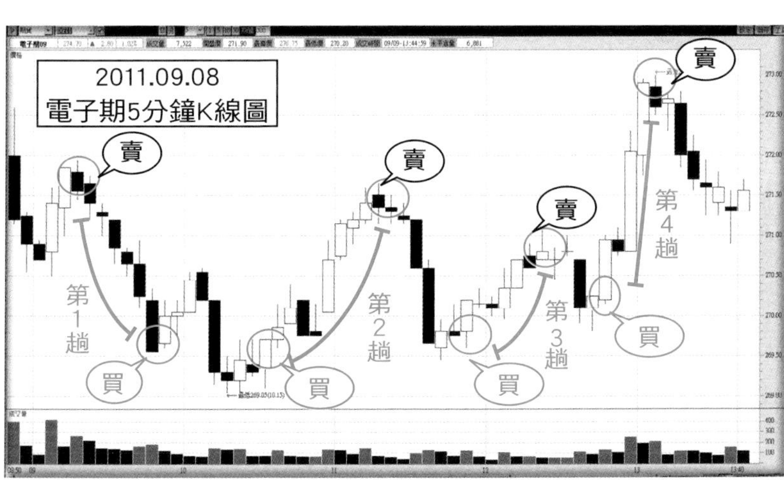

2011.09.08
電子期5分鐘K線圖
賣
第1趟
買
賣
第2趟
買
賣
第3趟
買
賣
第4趟
買

03　與預想相悖時要快速撤退

採取1日內交易的策略，認為「可能會漲吧」而買進，但隨後走勢與預期相反，這種情況一定會常碰到。或許你以前做過波段交易或中長期交易，當行情一時不如預期可能覺得沒有什麼要緊，但對採當沖而言，即時停損是非常重要的，因為當沖總是以累積小利潤為基礎，如果有一、兩筆交易出現很大的損失，會讓之前累積的小利潤一下子全都還給市場，也容易讓接下來的交易亂了方寸，因此，不要輕易做出「行情應該會再上漲」等之類的斷言而拒絕停損。

極短線交易應該謹記一件事，不要相信你所聽到的，而要相信你所看到的，也就是說「想知道行情就親自去看行情的實際表現」過於自信或相信諸如「行情很快會上漲」之類等沒有根據的期待都是絕對要避免的。

有些1日內交易者喜歡看1分鐘K線做期貨交易，雖然比起5分鐘K線，它的交易訊號出現較頻繁，但假訊號也很多，以2011年9月9日小台指為例，它所採用的就是很敏感的1分鐘k線，在圖示中標示①的地方，看起來很像是突破盤整向上展開行情，但實際上不然，投資人停損的決心只要稍一遲疑，立刻就出現巨大的損失。像這種情況，一定要儘量避免發生，因此，行情一旦出現「異常的變化」時就必須迅速採取行動是很關鍵的。

圖3：停損是當沖者極重要的事

圖片來源：台灣工銀證券

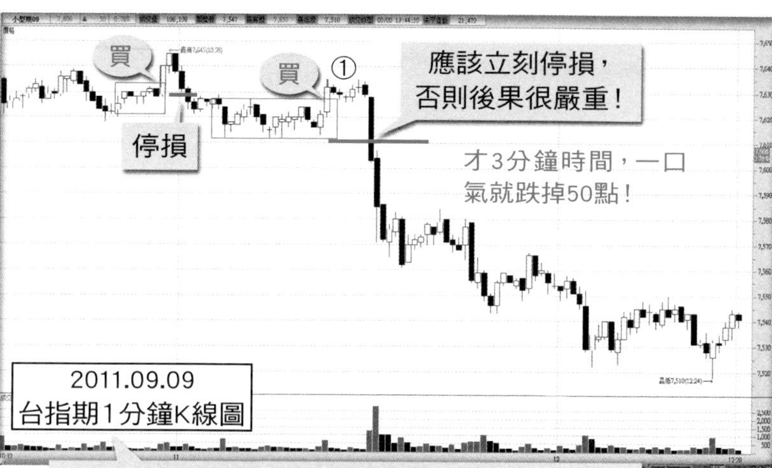
買
買
①
應該立刻停損，
否則後果很嚴重！
停損
才3分鐘時間，一口
氣就跌掉50點！
2011.09.09
台指期1分鐘K線圖

用1分鐘K線看行情，假訊號會比較多！
雖然交易機會多，但頻頻停損也會得不償失。

POINT

買進後持續下跌，連獲得利益的機會都沒有時，走為上策。而且要記得是要「立刻」停損才行。

04　小利潤但大規模進出

1日內交易的方式，用在股票當沖、期貨、選擇權上最多，一般說來，老手採取每一次出手賺取小利潤(比方目標利潤是賺6點)，但每次下單都是大量單(比方說一次下10口、20口)，也就是說，即使行情的波動很小，但買賣的數量大，仍可以獲得利益。

有愈來愈多年輕人、主婦、退休族從事1日內交易，以台指期貨為例，開戶很簡單，不用特別大額的保證金，若你預算有限，只想從小台指開始學習操作，只要不到2萬元就可以開始做小台指，每一家期貨公司的手續費收費不同，假設所開戶的期貨公司你每交易一口小台指連同期交稅一共收180元，以一點50元計算，你只要每一次下單有超過4點的利潤，就平交易成本，假設你把每一次的獲利利潤設在6點，順利的話，每一次一口交易就能賺2點(也就是2點*50元=100元)，若一次交易是10口，獲利就是20點(2000元)依此類推。

從圖中也可以看出，每次交易要取得6點的利潤幅度不算太難，若按照這樣一天買進賣出4次的話，就可以到手80點(4000元)。

利用20萬元(以交易10口為例)在1天的交易中能賺得4000元，1天就是2%的投資效益。

以上的計算只是範例，在這裡只是提供讀者一種小利潤但大規模進出的交易試算方式。重點在於，你要「猜」對一天行情上漲80點是很難的，但你要掌握住4次每次正確預測波動6點是比較容易的。

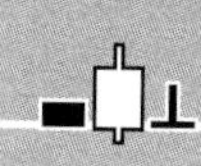

圖4：大規模投資確保小幅度利益

圖片來源：台灣工銀證券

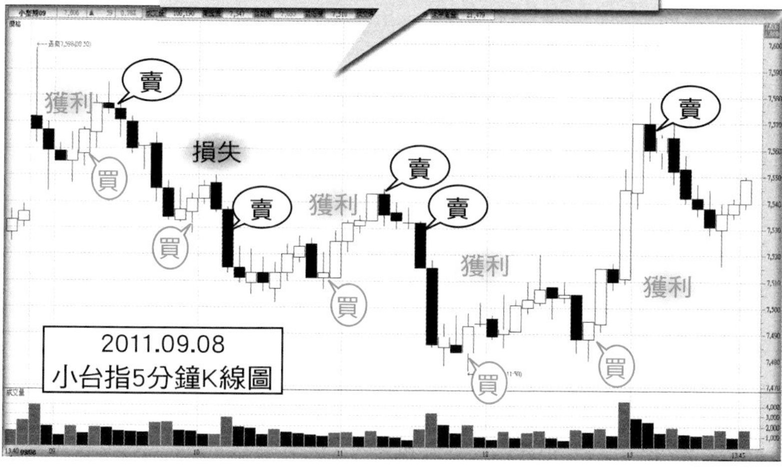
以正確預測6點以上為目標是不難捕捉到的波動。雖然獲利小，但只要增加投資量還是有機會大賺。
獲利
賣
買
損失
賣
買
獲利
賣
賣
買
獲利
賣
買
獲利
買
2011.09.08
小台指5分鐘K線圖

POINT

如果以小幅利益著手的話，賺錢的可能性會上升。

05　對早上擺脫穩定行情的股票交易

在1日間交易中獲取利益可能性最大的時候是早晨開盤後30分鐘之內。這個時候往往成交量高，股價波動幅度也大。

本文舉三檔國內的電子股為例，早上開盤後30分鐘，都是成交量最多的時候，事實上，收盤前30分鐘也常常是成交量最多的時候。要操作這兩個時段的股票，初學者可能需要一點時間適應，因為行情上下波動大。舉例來說，當台幣出現明顯的貶值時，以出口為主的相關電子股基本上都是看漲的，一早雖然可能跳空上漲，但隨後可能立刻就跟進一批賣出潮，賣掉之後可能又繼續上漲……。

對中長期投資人要捉住這種行情可能很簡單的，若判斷台幣續貶，對出口電子股有利，只要站在買進立場即可，可是，對1日內交易者，就要能機敏的捉住上、下波動的瞬間賺進差價。或者是趁漲勢稍歇，突破盤整區跟進上漲勢進行交易。

一般說來，若判斷當天行情有明顯的利多，開盤30分鐘內，股價處於穩定狀態中，只要陽線向上突破最高價。這預示著行情的走向是向上的，上漲到多少另當別論，趕快買進，通常可以賺到差價；相反的若是明顯的利空，操作方式也一樣。

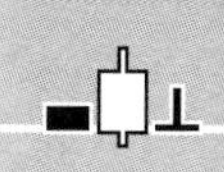

圖5：開盤30分鐘內，價格波動最大

圖片來源：台灣工銀證券

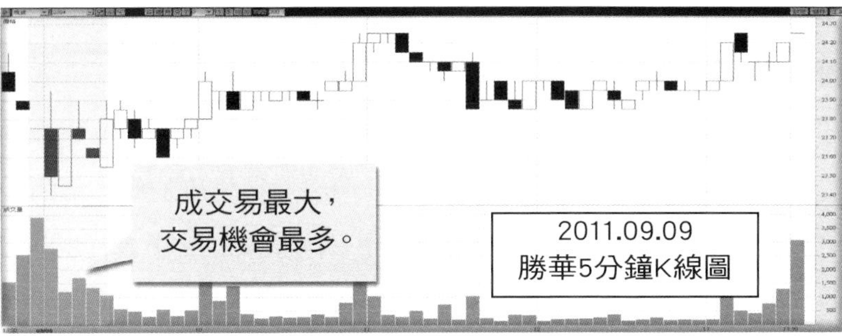
成交易最大，
交易機會最多。
2011.09.09
勝華5分鐘K線圖

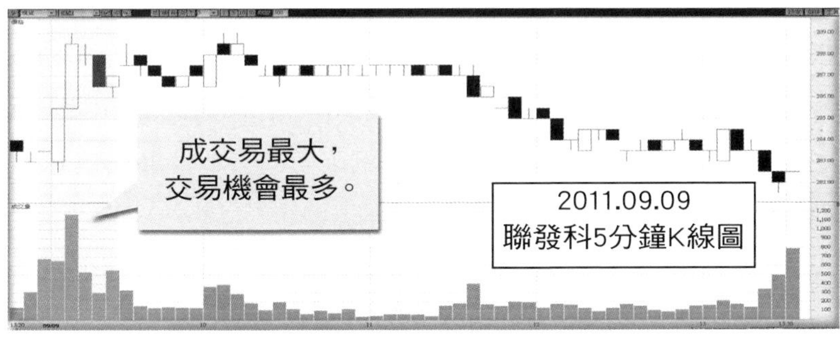
成交易最大，
交易機會最多。
2011.09.09
聯發科5分鐘K線圖

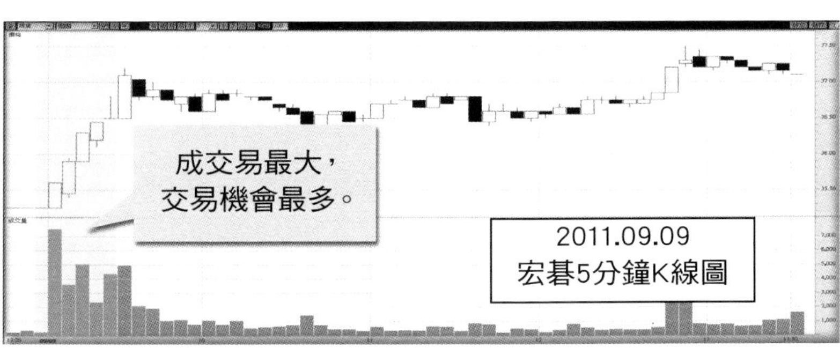
成交易最大，
交易機會最多。
2011.09.09
宏碁5分鐘K線圖

06　早上很短的時間內將決定勝負

上文提到，早上剛開盤時會出現很高的交易量，股價波動也會很激烈，這裡以宏碁(2535)為例。投資人都知道，自從蘋果陣營推出i pad 與 i phone 後，因為外界對宏碁如何迎戰下個世代的三C產品一直有所疑慮，以2011年7月、8月為例，行情從50元幾乎毫不回頭的下跌到35元，但9月8日一早的新聞，傳出受到惠普分割PC部門，訂單可能轉向宏碁，當天立刻大漲，這一則新聞的效應會從8號延續到9號嗎？誰也無法預料，但從9號一早宏碁開盤就立刻大漲的勢頭來看，在這裡加入買方戰局搶短是有機會獲利的。

結果怎樣呢？5分鐘K線連續出現6根上漲，短短的半小時大約上漲了2塊錢，這樣的機會不可錯過。一般說來，這種突然急轉直上的波動，其間不會有瞬間的猶豫。但是，之後的走勢也常因短線交易者獲利出場而出現賣出潮，以本例來看，上升的時間只有15分鐘而已。

日內交易者要學會在如此短的時間內決定勝負，並懂得跟著大多數投資人同步的技巧，也就是說，當這種說來有點牽強的利多，但實際上是會刺激買盤加入的行情啟動時，應該勇敢的立刻出手，等到大多數投資人退場也要不戀棧一起退場。

圖6：勝負常常在一大早的瞬間決定

圖片來源：台灣工銀證券

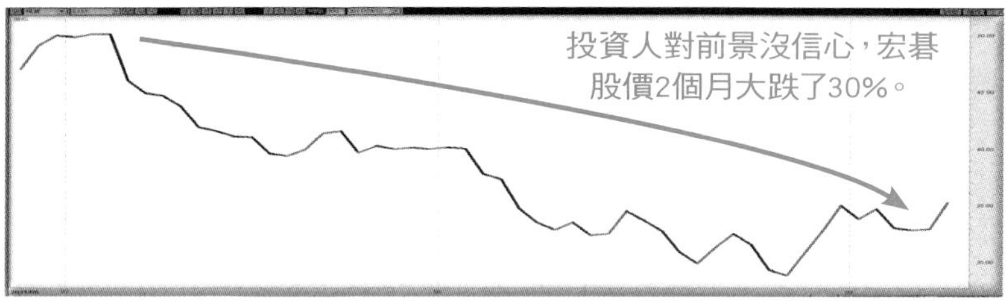
投資人對前景沒信心，宏碁股價2個月大跌了30%。

商品 2353 宏碁

日期	時間	標題	分類
2011/09/08	16:32	《電腦設備》宏碁處分全國電子，獲利2.76億元	公司動態
2011/09/08	09:07	《台北股市》台股開高72.28點，宏碁漲逾5%	金融
2011/09/08	08:39	《電腦設備》宏碁全新7平板電腦Acer ICONIA Tab A100上市	公司動態
2011/09/08	07:51	《各報要聞》宏碁S3單月衝10萬台，被批賣太貴	公司動態
2011/09/08	07:41	《各報要聞》惠普凸槌，宏碁9月訂單暴衝	公司動態

突然傳來利多，有機會讓低迷的股價振奮一下，但千萬別太樂觀，一早搶得到行情就賺到了，搶不到，就別太執著了！

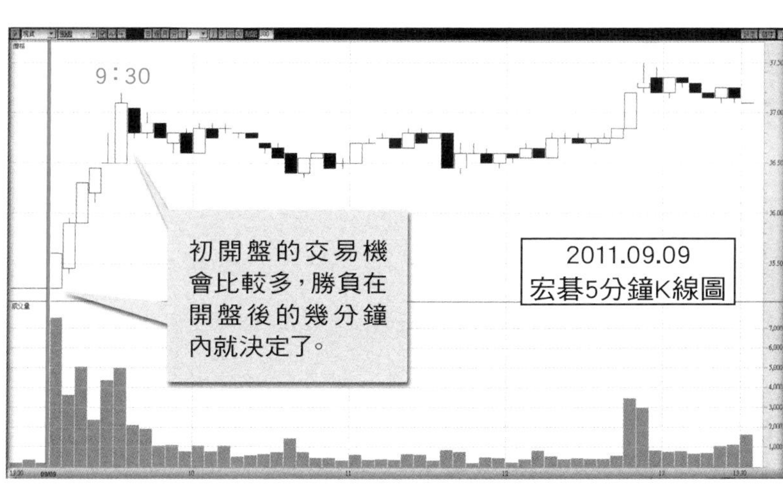
9：30
初開盤的交易機會比較多，勝負在開盤後的幾分鐘內就決定了。
2011.09.09
宏碁5分鐘K線圖

07 掌握美股波動，提高勝算

國內股市的變動一直與美國股市有很高的連動性，兩者波動的相似度非常之高，即使被說成是連動也不為過。雖然最近，國內股市投資人也開始關注歐洲與新興國家的行情，但對美國經濟的依賴相關度還是最高的。例如，當台幣升值、美元貶值時，與出口相關的股票往往下跌，而美國半導體行業出現變動，台股的半導體股價也會隨之變動。美國股市上漲的翌日，台股股市走強的可能性非常之高，反之，前者走低的翌日，台股也將下跌。不過，兩者走勢不同的情況也是有的，還是應該以當時的市場考量為主。

圖7：美股與台股有很高的連動性

圖片來源：XQ全球贏家

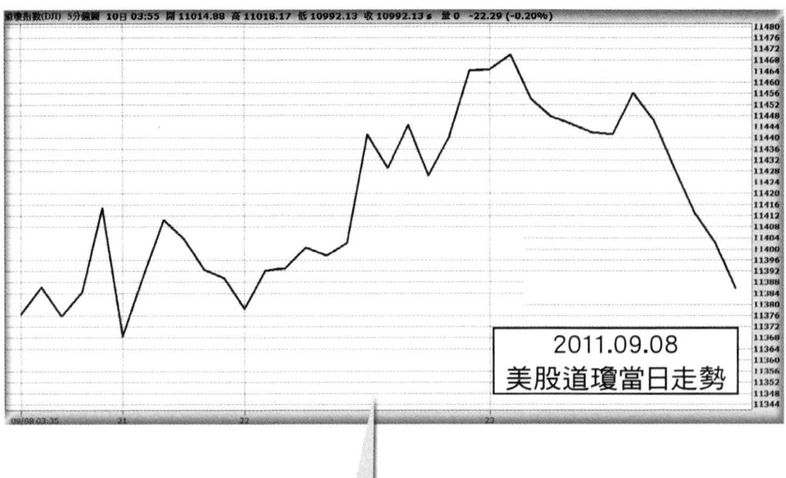
2011.09.08
美股道瓊當日走勢

一早開盤前總要先掌握前一晚美國道瓊、那斯達克、費城半導體等重要指數的走勢。除了價格最後是漲？是跌為重點外，走勢穩定嗎？還是暴漲暴跌？要先留意。

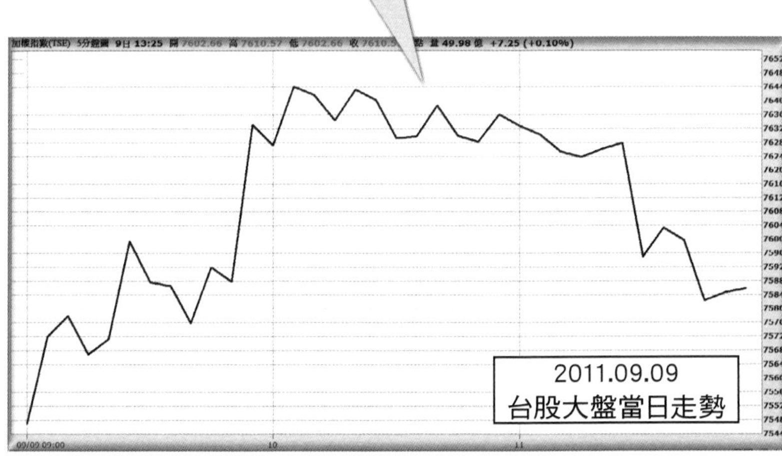
2011.09.09
台股大盤當日走勢

08　「評等」迷思

證券公司會向投資大眾公佈諸如股價目標、信用評級等等，目的是將投資人的注意力引向特定的某些公司，這是很常見的，稍微關注媒體新聞都能看得到。

不管研究機構或券商所發表的是正面的還是負面的，證券公司對企業的評價，可以說是一種交易上的資訊。發佈的一方事先知道這一資訊後，會向自家客戶事先透露，如果是有利於交易的好消息的話，自家客戶當然會事先以低價位大量買進。

等到這一項利多消息透過媒體傳到一般投資人耳中時，有時反而成為早先入場布局者「倒貨」的對象，雖然不一定每次都如此，但總不排除有這種的可能性，所以，有時利多消息在媒體上披露的同時，不是成為反向指標，就是只反應「一下下」，若對利多消息抱持太執著的話，反而很容易因此受傷。比如，永大電梯(1507)2011年9月7日，在外資券商以「中國電梯需求旺」的理由下，叫進永大，早上開盤後一度出現上漲，但一瞬間後又轉為下跌。以上這並不能代表所有的情況，但投資者一定要知道一個常識，就是所謂資訊「一旦被證實了，也就晚了」，希望大家不要陷入圈套。

圖8：連你都知道的利多公布時，遊戲已經結束了

圖片來源：XQ全球贏家

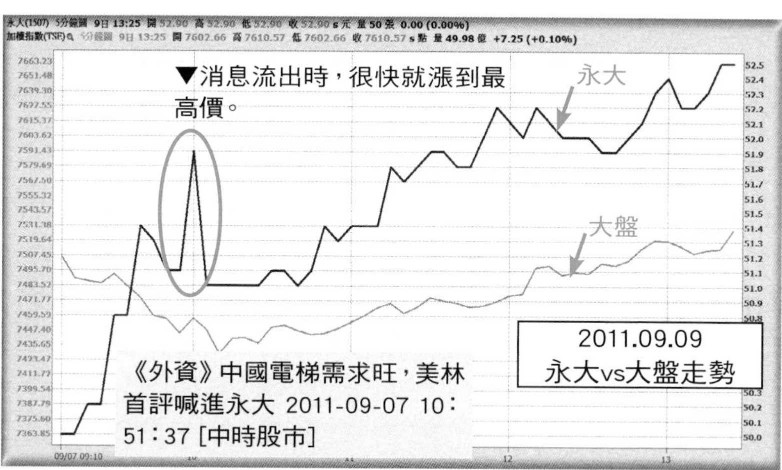
▼消息流出時，很快就漲到最高價。
永大
大盤
《外資》中國電梯需求旺，美林首評喊進永大 2011-09-07 10：51：37 [中時股市]
2011.09.09
永大vs大盤走勢

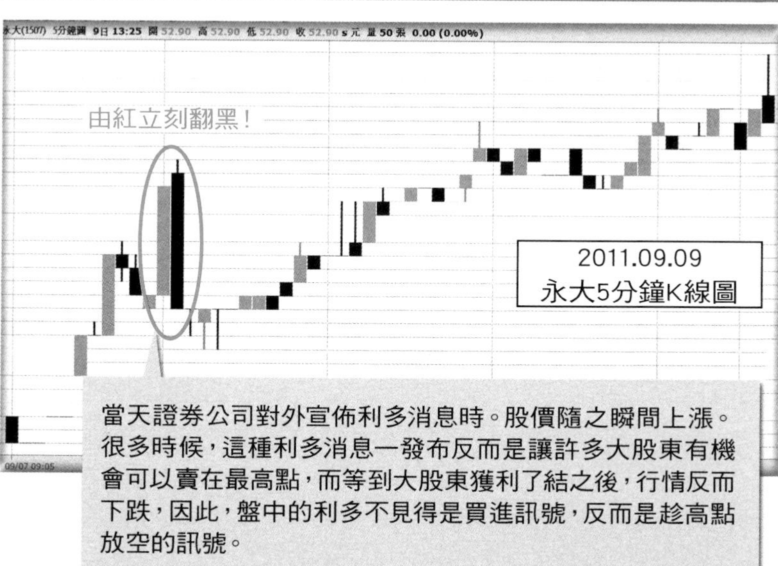
由紅立刻翻黑！
2011.09.09
永大5分鐘K線圖

當天證券公司對外宣佈利多消息時。股價隨之瞬間上漲。很多時候，這種利多消息一發布反而是讓許多大股東有機會可以賣在最高點，而等到大股東獲利了結之後，行情反而下跌，因此，盤中的利多不見得是買進訊號，反而是趁高點放空的訊號。

Part 3

狙擊行情技巧

RSI
KD
MACD

01　不管是什麼股肯定有上漲的機會

採取1日內交易的手法，並能因此而獲利的人，原則上是抱著不管交易的標的是股票、是期貨、是績優股還是爛股票，只要行情有利於在一天之中賺取價差「什麼股票都可以」，簡單來講，就是「只要股價有波動就有機會」。

股票投資本來應該是仔細選擇公司，並好好的研究企業是否有發展前景而進行投資的行為，但是在這個變化激烈的時代，慢節奏的投資效率太低，而且有時候還會被套在其中，如此反添損失風險。

這就是股票投資的現實情況。

在此，並不否認市場存在先研究景氣、企業，再慢悠悠投資成功的案例與方法，但在這個多變動的時代裡，看好這一檔股票有潛力而進場買進，萬一世界上某個角落又發生了什麼事情，誰知道會怎樣呢？出現壞消息時持股隔夜晚上都睡不好覺。因此，在當天的市場波動中尋找投資的機會，白天決定勝負，不管是賺錢還是賠錢，交易在當天就結束，也不失為一種交易的方法。

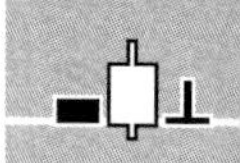

圖1：不管是什麼樣的股票都有交易機會

圖片來源：台灣工銀證券

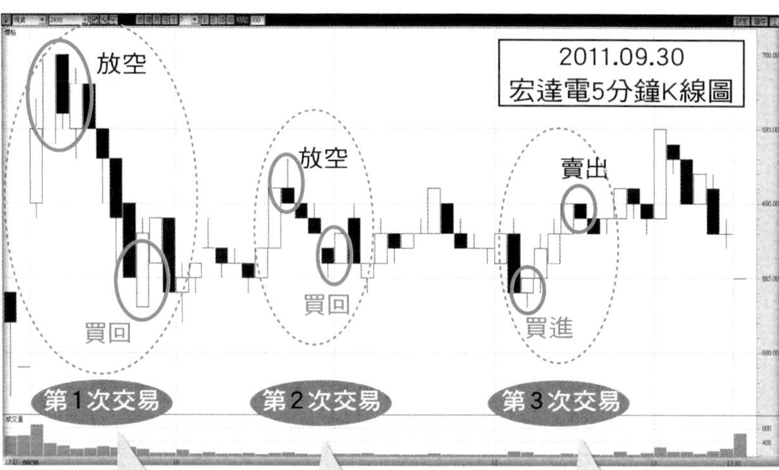
2011.09.30
宏達電5分鐘K線圖
放空
買回
第1次交易
放空
買回
第2次交易
賣出
買進
第3次交易

不用管企業今年會接到什麼訂單、獲利多少，只要有辦法掌握住一天波動中低價買進、高價賣出就能獲利了。
以本例來說，2011年9月30日明確的交易機會有3次，只要捉對了，能夠賺進價差，哪檔股票都是好股票。

POINT

股票投資獲利的來源包括股利收益和資本收益兩種，現在是靠資本收益賺錢的時代。

02 看清行情方向，跟上去就對了

進行長期投資好？還是1天內快手快腳的賺取短線交易好？

這個問題沒有標準答案，若要說好處，一天內的當沖交易能將不安的情緒控制在最短(1天)，算是短線交易的優點之一！以2011年台股的行情為例，就企業基本面來說，並沒有犯什麼嚴重的錯誤，但受到「歐債」與擔心經濟二次衰退，即使優質企業也無一倖免慘跌，好公司本益比跌到10倍之下的比比皆是。或者有人會說，趁著這種不理性的下跌，才是「撿便宜」的好時機。但重點在於，投資人一次一次的以為底部來臨，卻一次一次的失敗，不少投資人有限的資金已經在這一次次的抄底愈來愈少了。

股票投資的一大敵人是什麼呢？就是投資者心中「是漲？還是跌？」這種不安的心態。比如，原以為會漲的股票買了之後竟然下跌，於是「會不會繼續下跌呢？」的不安在腦中揮之不去，夜裡也輾轉難眠。這對健康非常不好。

因此，「將不安的時間壓縮到最少」，1日內交易就可以實現這一點。投資者買進後，漲了的話繼續觀察，發現波動出現異常，開始下跌時，立即賣。能做到這樣的話，就不會有什麼不安了。

當沖最理想的狀態是直奔最高價的過程中持有，當它開始下跌就及時逃跑。

圖2：順勢而為進行交易

圖片來源：台灣工銀證券

長期投資的情況

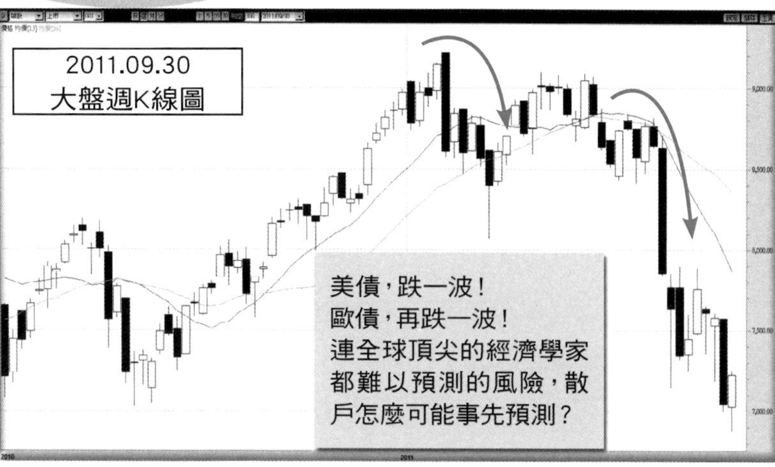
2011.09.30
大盤週K線圖
美債，跌一波！
歐債，再跌一波！
連全球頂尖的經濟學家都難以預測的風險，散戶怎麼可能事先預測？

一日內交易的情況

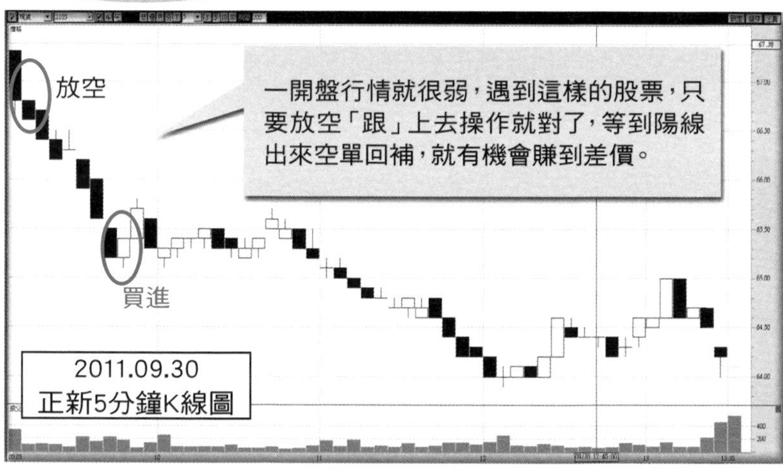
放空
買進
一開盤行情就很弱，遇到這樣的股票，只要放空「跟」上去操作就對了，等到陽線出來空單回補，就有機會賺到差價。
2011.09.30
正新5分鐘K線圖

03　累積小幅獲利是1日內交易基礎

1日內交易的優點是能夠在股價上下變動時賺進差價。這種交易方式與持有股票到第二天，或者持有一週等等的手法不同，不是1日內交易的方法雖然有機會可以賺到比較多價差利潤，但也常因為看錯方向，投資人不得已被迫在發生很大損失時停損。

採用1日內交易若仍延續舊有的操作思維方式將不容易賺到錢，甚至會損失大錢，原則上，若你即將採行1日內交易，想要不斷的累積利潤，就得拋棄想要一口氣賺很多錢的方式與期望，而應儘可能的在短時間內結束一次交易，不管這一次的出手是賺了還是賠了，總之，不能以各種理由讓交易持有時間拉長，短時間結束交易是很重要的一個關鍵。

當然，為了達到「短」時間交易的原則，一般投資人會傾向做台指期貨或選擇權這種高槓桿倍率的交易標的，而你若非得一定要交易股票不可的話，那麼，選擇股票就很重要了。如果是大型的權值股的話，短時間要出現強烈的行情波動比較不常見，大型權值股的股價變動一般行情波動不大，但若選擇小型股交易，又有很多股票是無法進行當日沖銷的。

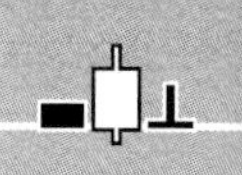

圖3：即使幅度很小也能夠確保獲得利益

圖片來源：台灣工銀證券

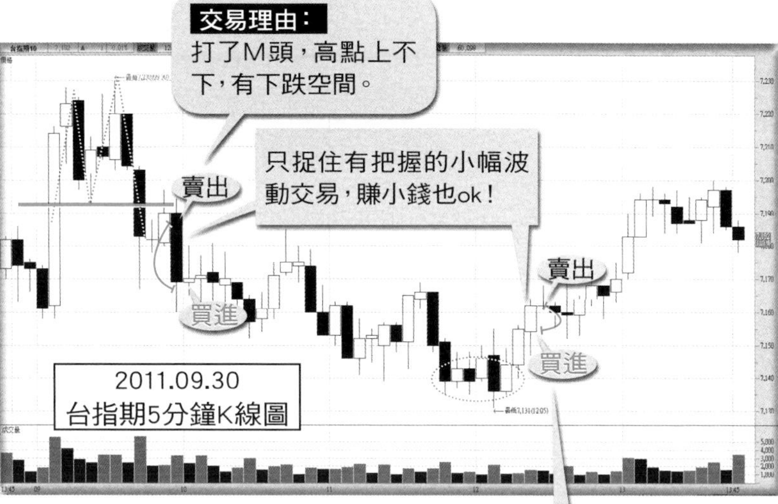
交易理由：
打了M頭，高點上不下，有下跌空間。
只捉住有把握的小幅波動交易，賺小錢也ok！
賣出
買進
賣出
買進
2011.09.30
台指期5分鐘K線圖
交易理由：
低檔跌不下去，且前一根收大紅，脫離盤整區。有上漲空間。

POINT

以這一天的期貨走勢為例，受到多、空資訊參雜，行情忽漲忽跌，實在看不出任何「趨勢」，但採行當天交易的投資人，只要收益能超過成本，捉住有把握變動的幅度，仍能有機會獲利。

這就是極短線交易的魅力所在。只要不盯著大幅的利益，總還是能夠取得一定的利益。

04　突然進入排行榜的是好標的

對著比較沒有知名度的個股做交易，以中長線投資來看，似乎風險比較高，但對於當沖交易，名稱並不響亮的個股，常常會是「黑馬飆股」，只要用對方法，不貪求大利，加上一點運氣，往往是1日內交易的好標的，但因為台股並非每檔股票都可以當天做當沖，所以，可以利用券商的看盤軟體事先加以篩選。

盤中交易時，投資人可以透過網路的即時行情排行榜，找出漲幅出現暴漲的股票，若發現突然出現在排行榜上的個股是以前並不常在排行榜上的「生客」，就可以立刻加入交易的行列，並在行情突然用力上漲之後，立刻賣出賺取價差。

這裡列舉的緯創(3231)過去並不常出現在上漲排行榜，但2011年9月30日在大盤表現並不佳的前題下，大約10點半卻出現在成交量排行榜上，從5分鐘線圖來看，它擺脫了一個盤整平台，呈現量價齊揚的現象，收盤前一個小時左右以漲停作收。如果投資人可以在一發現這檔股票的「異常」之後立刻跟進，就算不能賣在漲停，也一定有價差可賺。有些投資人會誤會「看到漲幅排行榜再出手就已經晚了」，事實不然，從漲幅榜中發現當天很活潑的個股，並迅速出手才是最重要的。

圖4：利用排行榜篩選交易標的

圖片來源：台灣工銀證券

自選報價 | 庫存股 | 個股主題 | 個股排行 | 類股行情 | 期貨近月 | 期貨報價 | 選擇權報價 | 選擇權跨月 | 國際股匯市 | 興櫃行情

漲跌 ▼ 上 市 ▼ 050 ▼ ☑ 台灣5 0 上漲 ▼ 重新查詢

股名	成交價	漲跌	漲跌幅	買進價	賣出價	單量	成交量	最高價	最低價
廣達	59.50	▲ 3[illegible]	5.68%	59.40	59.50	35	20,017	59.60	55.40
中信金	18.20	▲ 0.[illegible]	[illegible]4.30%	18.20	18.25	53	55,609	18.45	17.65
大立光	717.00	▲ 27.[illegible]	[illegible]91%	715.00	717.00	9	1,818	719.00	699.00
鴻準	[illegible]	[illegible]	[illegible]	[illegible]	99.00	37	9,313	99.50	96.90
矽品	[illegible]	[illegible]	[illegible]	[illegible]	30.50	61	26,558	30.50	29.35
TPK	[illegible]	[illegible]	[illegible]	[illegible]	578.00	6	2,127	582.00	569.00
聯發科	[illegible]	[illegible]	[illegible]	[illegible]	337.50	158	10,176	337.50	330.50
亞泥	[illegible]	[illegible]	[illegible]	[illegible]	31.95	18	14,671	32.30	31.50
遠東新	31.50	▲ 0.75	2.44%	31.40	31.50	43	14,944	31.55	30.75
兆豐金	21.35	▲ 0.45	2.15%	21.35	21.40	58	68,600	21.85	21.20
台塑	81.70	▲ 1.70	2.13%	81.60	81.70	19	8,014	81.70	79.60

利用盤中的排行榜，可以捉住當天行情波動劇烈的個股，並適時介入交易。

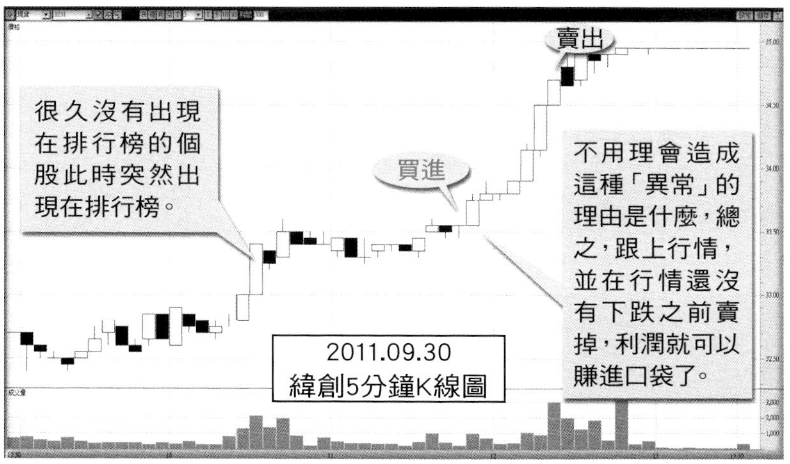
賣出
很久沒有出現在排行榜的個股此時突然出現在排行榜。
買進
不用理會造成這種「異常」的理由是什麼，總之，跟上行情，並在行情還沒有下跌之前賣掉，利潤就可以賺進口袋了。
2011.09.30
緯創5分鐘K線圖

05　在下跌趨勢中也有賺錢的機會

除非是期貨交易，否則一般投資人對於「放空股票」都不是那麼熟練，因為大家還是習慣做多，雖然這種事沒有什麼對錯，但只能期待行情朝向單一方向前進，本身就不合理，即使股價趨勢是向上，在上漲到相當程度時還是要回檔休息的，因此，採取1日內交易的投資者應該儘早習慣「放空」這件事。

這裡列舉的可成(2474)，2011年9月30日從早上開始就一直強力下跌，其交易方法跟強力上漲的股票一樣，投資人只要「跟上去」就對了。

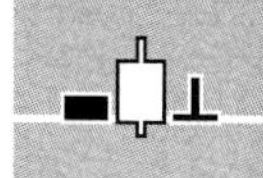

圖5：遇弱勢股，加入空軍陣營！

圖片來源：台灣工銀證券

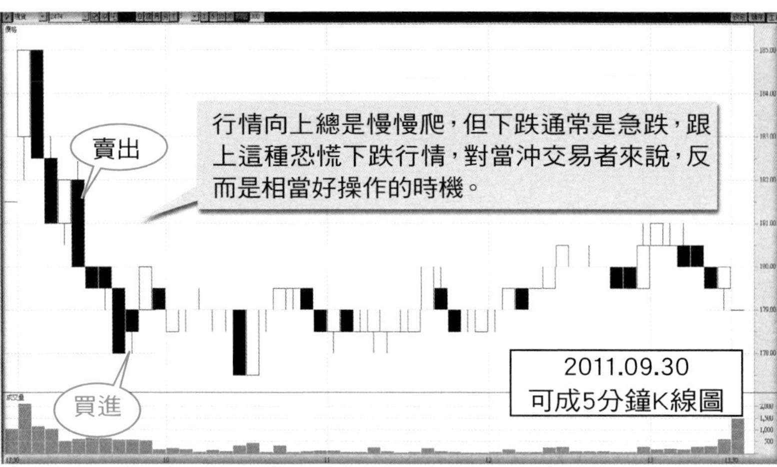
行情向上總是慢慢爬，但下跌通常是急跌，跟上這種恐慌下跌行情，對當沖交易者來說，反而是相當好操作的時機。
賣出
買進
2011.09.30
可成5分鐘K線圖

POINT

行情有波動就有交易機會，做多？還是放空？全憑行情勢頭，而非自己主觀的堅持或判斷。這是1日內交易者該有的操作原則。

07 大型股可以瞄準固定的小幅波動

1日內交易的好處是即使是小幅的價格變動也能夠獲利(當然,投資人事先要精算自己的交易成本)。而這種交易機會並不會很少,比方說,在超大型的股票行情出現盤整時,像右邊所舉的台塑5分鐘K線圖一樣,價格可能鎖定在一個固定的區間反復的上下波動。以2011年9月26日為例,一早開盤先上漲一小段行情,接著就在77.0到77.8元間來回波動;再以同年9月28日為例,台塑早上開盤受到歐債危機系統性風險的影響,先是大跌了三根長黑棒,之後行情則在77.5到80元之間上下游走。

大型股當行情沒有方向時,長時間在一個區間波動的情況很常見,對中長線投資人來說,要猜對它明天、後天或下星期的走勢不一定容易,可是要掌握它小波動的規則相對容易,雖然利差很小,但這就是利用融資融券信用交易做當沖的魅力,只要成本算準了,即使小幅利潤,積少成多,反覆交易獲利機會還是有的。

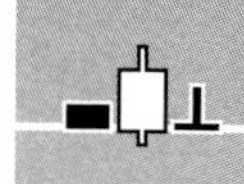

圖7：在小幅的變動下，進行多次交易。

圖片來源：台灣工銀證券

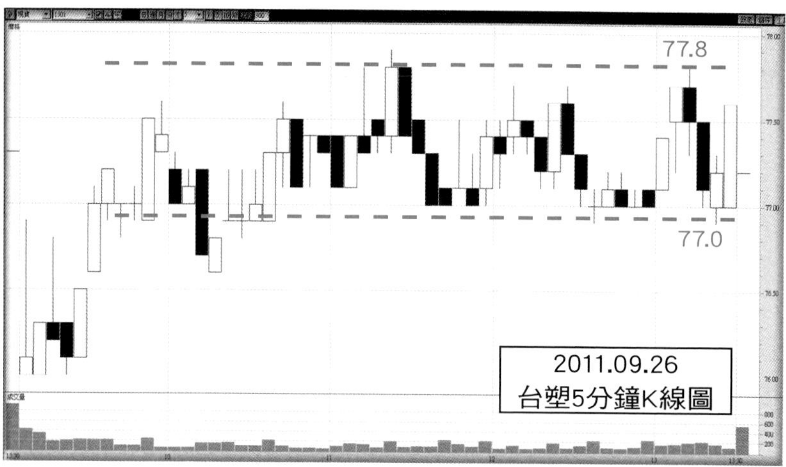
77.8
77.0
2011.09.26
台塑5分鐘K線圖

2011.09.28
台塑5分鐘K線圖
80.0
79.5

08　最佳五檔用法①

為了在1天的交易中不斷地獲取利益，「效率」是非常重要的。

很多時候「效率」就等於「利潤」。而這種交易觀念，在到底該採市價交易還是指定價格交易時特別明顯。

當沖一般採順勢交易，也就是「跟進大行情」的方式，但許多人下單時，喜歡採用比較沒有效率的指定價格交易（因為可以有較滿意的價格），為此，當真正的大行情來時，反而往往會讓絕好的機會溜走。

當沖交易為了增加利潤常常要用指定價格交易，但是採市價交易的買賣更能抓住時機。最好的情況是，如果你要買進，那麼，就在「賣出氣氛」還很濃時以市價買進；相反的，如果你要賣出，那麼，就在「買進氣氛」還很濃的行情板上，以市價賣出。

圖8：利用市價交易，確保交易成立！

某甲企業最佳5檔		
委賣		委買
90	68.2	
501	68.1	
89	68.0	
125	67.9	
118	67.8	
	67.7	165
	67.6	21
	67.5	189
	67.4	152
	67.3	102

已經買進了之後，要賣出最好在買進氣氛變濃時以市價賣出！

POINT

短期買賣利用指定價格交易沒有錯，但是用市價交易更能抓住時機。

09　最佳五檔用法②

在做任何交易時，不管是期貨還是股票，一般都是一面看著線圖一面看著行情板各項數據的跳動研判，但是，即使是很資深的投資人，也會經常出現與自己研判相反的行情變動。

這時候怎麼做最好呢？

總歸一句話：擅長停損就等於擅長獲利！

如果誰都能預測準確的話，就不會有人為了投資失利而苦惱了。因為難免總會遇到與預期相反的價格變動，及早停損是個不變的鐵則。

從事1日內交易不同於用現金買股票，幾乎所有的極短線交易都是運用槓桿倍率在操作的，打個簡單的比方來說，投資現股100萬，就是利用你手頭的100萬進行交易，但若是投資台指期100萬，你其實只要10萬元就可以操作了，賺可以賺10倍當然很開心，但賠也一樣會賠10萬，那就一點也不開心了。所以，極短線者時時都跟風險為伍。因此，停損是個絕對必學的功課，而且要內化成為一種習慣，當行情出現和預測完全相反的變動時，首先應該想到的即時撤退。並且要樂觀一點，告訴自己，出現損失很正常，在下次的交易中贏回來即可。

但是，如果沒有任何根據，只是憑著感覺認為「行情不久就會上漲吧」而繼續持有的話，就會出現大的損失，交易將以大的失敗告終。

最佳5檔秀出來的資料，可以做為即早停損的依據。

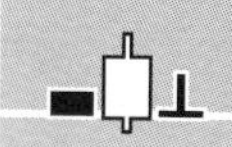

圖9：利用最佳5檔的變化時及早對應

10：15：20

某甲企業最佳5檔

委賣		委買
90	68.2	
501	68.1	
89	68.0	
125	67.9	
118	67.8	
	67.7	165
	67.6	21
	67.5	189
	67.4	152
	67.3	102

在67.8元時買進。

10：59：10

某甲企業最佳5檔

委賣		委買
752	67.7	
409	67.6	
88	67.5	
658	67.4	
53	67.3	
	67.2	100
	67.1	58
	67.0	155
	69.9	132
	69.8	66

買進之後，若發現委賣出現大量的賣出單，且行情也跌到自己設定的停損點，比方說67.2元，那就表示該停損了。
因為委賣增加，行情也下跌，買方短時間要攻克行情，並不容易，還是先停損為宜。

10　最佳五檔用法③

極短線交易另一個重要的賺錢法寶就是，當你做對行情時，一定要在可以賺取時儘可能的多賺取。

交易如果不實施「減少損失，擴大獲利幅度」的做法，獲利是不會出現大幅增加的。若變成那樣，那麼，一整天交易下來就只剩下買賣的辛苦了。

如果你現在已經買進，而由最佳5檔中你可以看出：「賣出氣氛還不是很濃」、「買進的量增加」並且「股價仍感覺還會繼續上漲」等氛圍時，請保持冷靜，並安心的持有買進的部位。這種忍耐就是增加收益的法寶。

任何行情都一樣，在一定程度的上漲後一定會出現獲利了結的賣出潮，所以，有可能上漲因此打住反而開始下跌，但此時不要只賺一點點錢就趕快跑掉，可以觀察最佳5檔的氣氛，當委託買進的單量在增加時，如果行情還是繼續上漲，那麼，獲利幅度就會變得更大，應該要適時的「忍耐」以達到儘可能獲得更多的利潤。

與此相反的，當大量委託賣出突然出現時，可以判斷現在屬於「應該不會再上漲了」的行情氛圍，這時及早出場就變得很重要了。

圖10：股價繼續上漲時最佳5檔的情況

10：15：20

某甲企業最佳5檔

委賣		委買
90	68.2	
501	68.1	
89	68.0	
125	67.9	
118	67.8	
	67.7	165
	67.6	21
	67.5	189
	67.4	152
	67.3	102

在67.8元時買進。

10：59：10

某甲企業最佳5檔

委賣		委買
110	68.7	
401	68.6	
89	68.5	
99	68.4	
111	68.3	
	68.2	600
	68.1	158
	68.0	255
	67.9	232
	67.8	166

買進之後，若發現委買增加、委賣不怎麼增加，行情看起來有上漲的趨勢，可以忍耐一下先不賣出，未來行情仍可能再高！

11　當行情暴跌後……

前一夜美國股價暴跌的話，隔天一早台股開盤，從期貨到現貨，幾乎很難好得起來，所以，「連帶」台股也暴跌的情況很常見。但是比起開盤時行情的「暴」跌，之後總會跌勢趨緩或者開始反彈。

事實上，投資人誰都不喜歡看到前一晚美股收盤是暴跌的場面，可是，對當沖者來說，未必不是好事，因為暴跌之後的反彈，只要捉得住，利潤是滿豐厚的，當然，行情往往「弱者恆弱，強者恆強」，若當天反彈無力，弱者還是續弱，但總之，不管反彈有力還是無力，行情必然有波動，就是出手的機會。

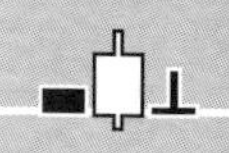

圖1：暴漲後必有回檔；暴跌後必有反彈

圖片來源：台灣工銀證券

前一個交易日(2011年9月30日)美國道瓊指數大跌了240點，10月3日，台指期一開盤就以下跌152點開盤。

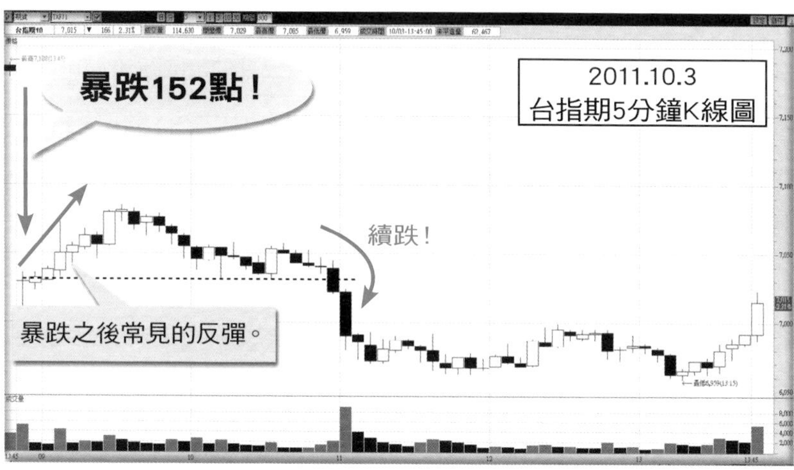
暴跌152點！
2011.10.3
台指期5分鐘K線圖
續跌！
暴跌之後常見的反彈。

POINT

每次無論是向上還是向下波動，都會產生機會。

12　利多時買入、利空時賣出！

1日內交易雖說簡單，但有時即使只想獲得小幅利潤也很困難，若沒有既定的行情觀，看著行情忽上忽下，自己到底該做多或放空也迷迷糊糊的，隨著情緒起起伏伏是不行的。

交易只要趁著勢頭順勢操作就對。

比方，你可以鎖定很長時間被賣超的個股。這種股票的特徵是它的業績一定不好，即使業績好，但被投資人長時間拋售，可能是產業存在某種嚴重的利空。例如，2011年在年中之後，歐債難解的問題一直困擾著國際的金融與經濟，使得國內金融股持續好長一段時間都被投資人壓著打。可是，綜觀國內金融股，事實上體質也不壞，至少絕對不是那種即將倒閉的企業，在這種行情氛圍中，只要股市一恢復元氣，長時間處於弱勢的股票反彈力道總是相當威猛的。

體質好的個股，在長期被大量拋售後，一旦出現利多消息，跟進多頭的腳步準沒有錯。

「現在千萬別買金融股！」這句話也許從中長期來看是對的，但對1日內交易的當沖客而言，金融股的利多消息出爐，反彈行情是很容易捉得到的。

圖2：長期下跌的股票突然出現利多，加入買進就對了。

圖片來源：台灣工銀證券

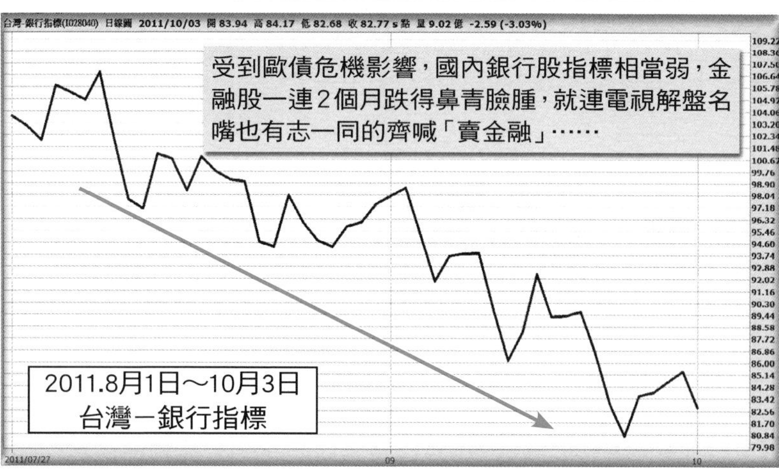
台灣-銀行指標(I028040) 日線圖 2011/10/03 開 83.94 高 84.17 低 82.68 收 82.77 s點 量 9.02 億 -2.59 (-3.03%)
受到歐債危機影響，國內銀行股指標相當弱，金融股一連2個月跌得鼻青臉腫，就連電視解盤名嘴也有志一同的齊喊「賣金融」……
2011.8月1日～10月3日
台灣一銀行指標

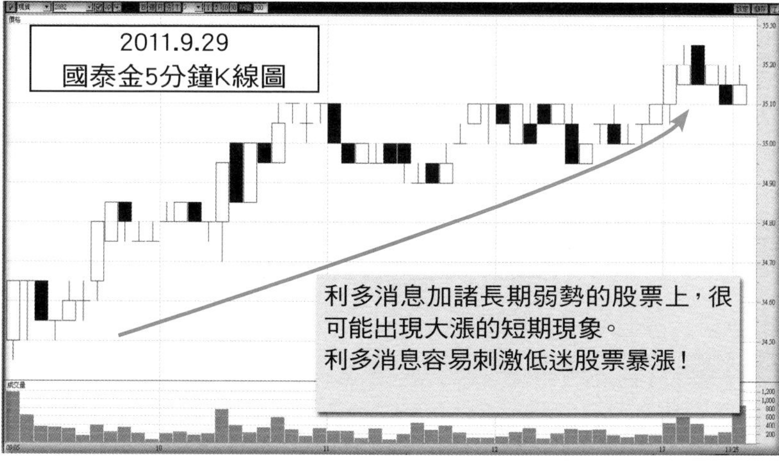
2011.9.29
國泰金5分鐘K線圖
利多消息加諸長期弱勢的股票上，很可能出現大漲的短期現象。
利多消息容易刺激低迷股票暴漲！

Part 4

5分鐘K線買進訊號

RSI
KD
MACD

01　跟上「低價附近打破盤整」行情

若要說有什麼圖形是多頭很好操作的圖形，一早開盤先是在下跌的氣氛中相持不下，之後多頭展開反擊，之後行情開始上漲，此時，若能在打破盤整之後即時加入多頭，通常可以順利賺進一段行情。

這就是所謂的「打破盤整行情」的形式！也就是說：雖然行情一度下跌，但因為投資人堅守某個低價後，讓行情不再下跌，做多的投資人紛紛一同湧現出手買進。一旦股價在某個低價被確認不會再繼續下跌後，就會以非常好的趨勢開始上漲。

有時候，如右圖中所示，穩定行情會在同一張圖中出現幾個、或者更多，也有可能只有一個。總之就是，股票被賣出而使得股價下跌，但當股價不再繼續下跌的訊號出現時，就開始被大幅買進，乘著賣出較少的機會，股價實現了持續上漲。

出手的時機是，當確認行情已經打破穩定狀態時，不要錯過這個機會立刻買進就可以了。當然，行情沒有永遠甜蜜，出手時機對了，在賣出訊號出現時，也要立刻斷然獲利了結。

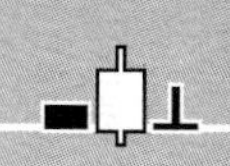

圖1：低價附近穩定行情被打破時，有交易機會

圖片來源：台灣工銀證券

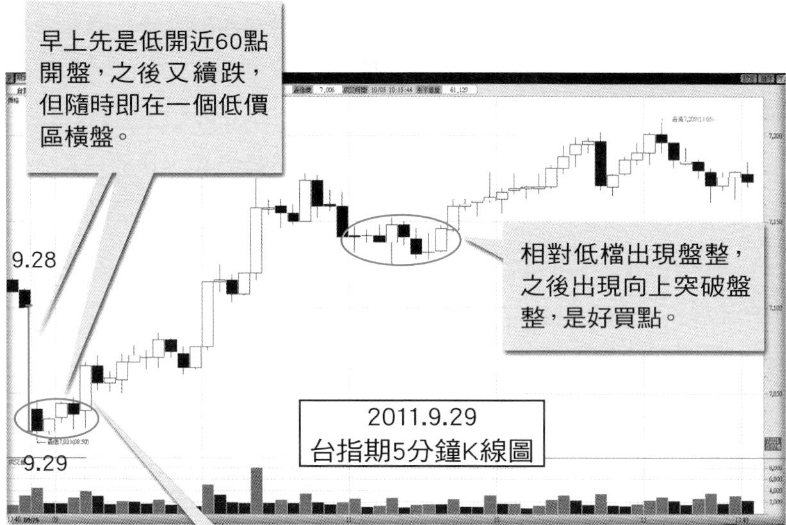
早上先是低開近60點開盤，之後又續跌，但隨時即在一個低價區橫盤。
9.28
9.29
相對低檔出現盤整，之後出現向上突破盤整，是好買點。
2011.9.29
台指期5分鐘K線圖
打破平衡！這裡是個好買點！

POINT

打破穩定行情後的上漲機會，因為行情正在向上移動，可以視為是買進的訊號。

02　大陽線覆蓋陰線時行情將上漲

股價是在買進和賣出的平衡中成立的。賣出如果多的話，股價就會下跌，形成陰線。相反，買進如果多的話，股價就會上漲，形成陽線。

投資人對某檔股票或任何投資標看漲、看跌的的心態都會反映在K線圖中。

這裡以2011年10月4日兩檔台灣50成份股為例，分別是友達、兆豐金。

從線圖上可以明顯的看出，這兩檔股票之前的行情都是大跌，到了10月4日一早也是開盤就大跌，但突然出現了一根長陽線覆蓋之前的陰線，開始轉為強勢上漲。

一旦行情開始上漲後，樂觀氣氛彌漫很可能會吸引其他尚在觀望的投資人一起出動，齊心齊力的把價格「買」上去，行情也就容易順勢再度上漲。

因為這裡看的是很短的5分鐘線，在第一根大陽線出現之後，已經出現獲利的投資人可能立刻就賣出持股讓價格回檔，但一般說來，若投資人不是抱著一定要賺大錢的心態，通常可以穩當的在這裡賺進利差。

圖2-1：跟上大陽線的趨勢，勝率就會提高(範例一)

圖片來源：台灣工銀證券

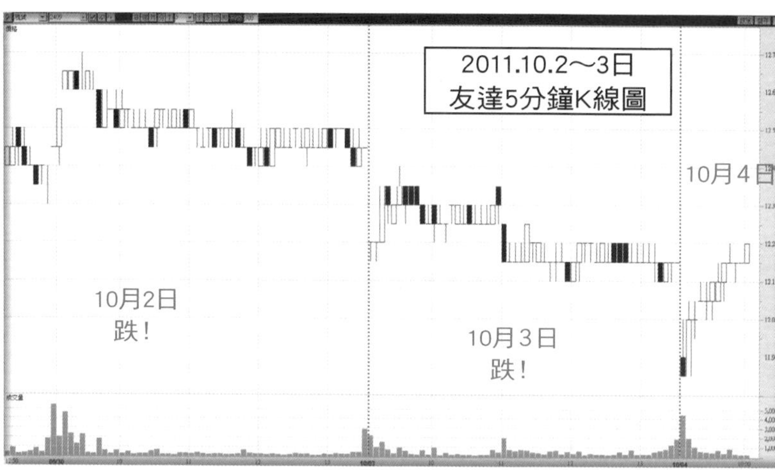
2011.10.2～3日
友達5分鐘K線圖
10月2日
跌！
10月3日
跌！
10月4日

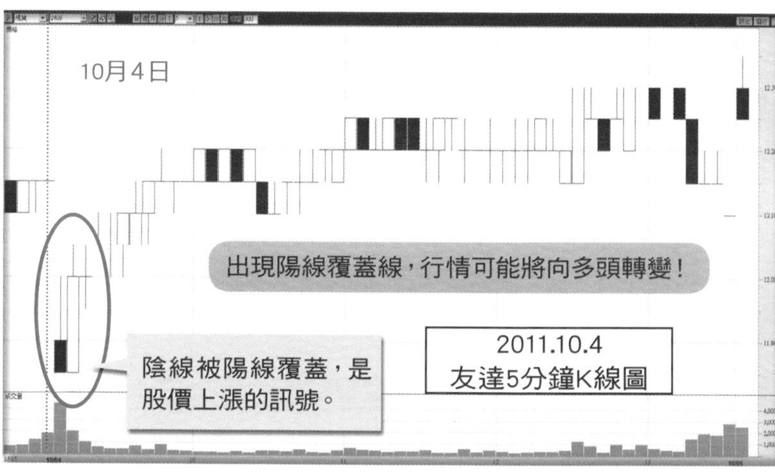
10月4日
出現陽線覆蓋線，行情可能將向多頭轉變！
陰線被陽線覆蓋，是
股價上漲的訊號。
2011.10.4
友達5分鐘K線圖

圖2-2：跟上大陽線的趨勢，勝率就會提高(範例二)

圖片來源：台灣工銀證券

2011.10.2～3日
兆豐金5分鐘K線圖
10月2日
跌！
10月3日
跌！
10月4日

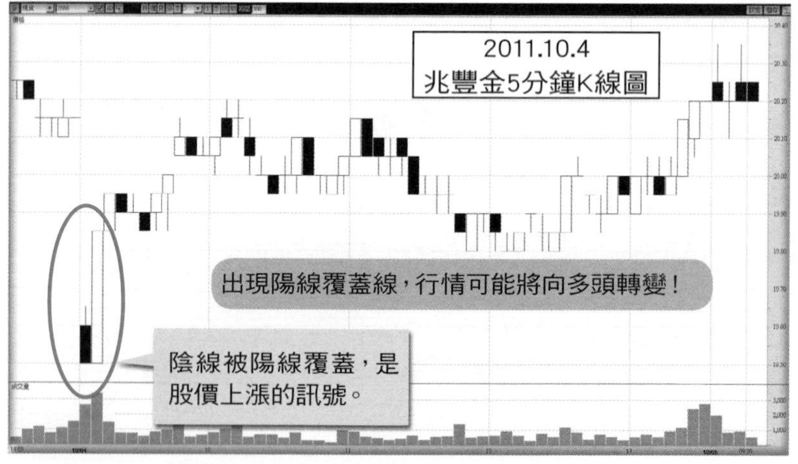
2011.10.4
兆豐金5分鐘K線圖
出現陽線覆蓋線，行情可能將向多頭轉變！
陰線被陽線覆蓋，是
股價上漲的訊號。

03　從長下影線開始是買進機會

放眼看K線圖，瞄到一根長長的下影線，就應該立刻眼睛一亮，因為，就單一K線來講，沒有比長下影線更值得留意的，從K線的畫法可知，長下影線表示股票雖然一度被大量賣出，但由於在低價買進的人很多，股價最終出現回升。尤其當它出現在低價區時，算是非常強的訊號，有很高的機率可以繼續上漲，因此要好好利用，迅速買進，不過，在長下影線出現後不久，也可能立刻出現代表獲利了結的上影線，也就是說，在高價區等著出手賣出的人也會有，因此，應該密切注意之後的走勢。另外，長下影線出現的位置愈是低價區，上漲的空間就愈大，且下影線長度愈長，上漲訊號就愈明顯。

以台泥(1101)分別在2011年9月30與10月4日為例，前者開盤的第一根5分鐘K線即出現長下影線的陽線，但它的位置事實上是在漲勢之中而非跌勢的低價區，所以，之後的行情不但沒有上漲反而下跌。但10月4日的那一根長下影線，則出現在一個波段的跌勢之後，說明在這裡下跌後有低接的買家出手，投資人順勢做多即可以賺取一定程度的獲利。

另外一個例子是2011年10月5日的台指期，第一根5分鐘線也是以長下影線出現，但延續前一天的K線可以判斷，雖然是低開的長下影線，位置卻是相對高，才上漲不到10分鐘，上影線的賣壓就出來了。讀者可以用這一方法檢驗各種股票的下影線吧！

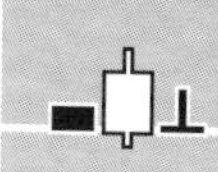

圖3-1：下影線是值得注意的上漲訊號(範例一)

圖片來源：台灣工銀證券

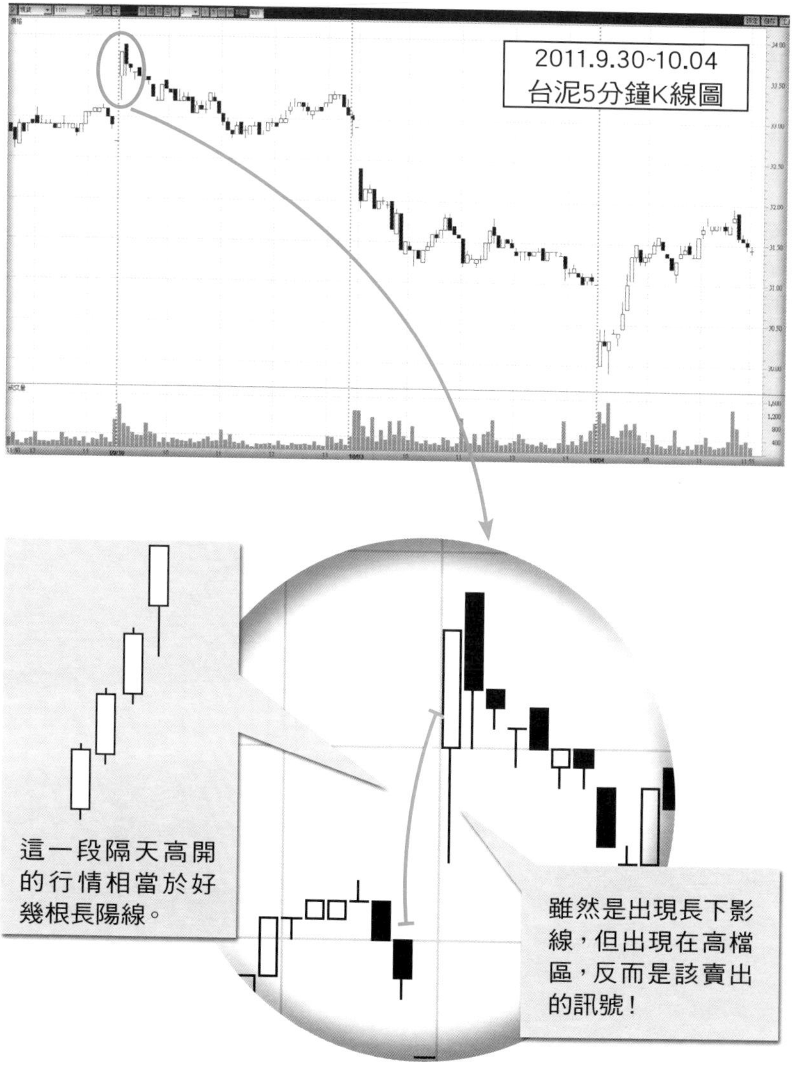

2011.9.30~10.04
台泥5分鐘K線圖
這一段隔天高開的行情相當於好幾根長陽線。
雖然是出現長下影線，但出現在高檔區，反而是該賣出的訊號！

圖3-2：下影線是值得注意的上漲訊號(範例二)

圖片來源：台灣工銀證券

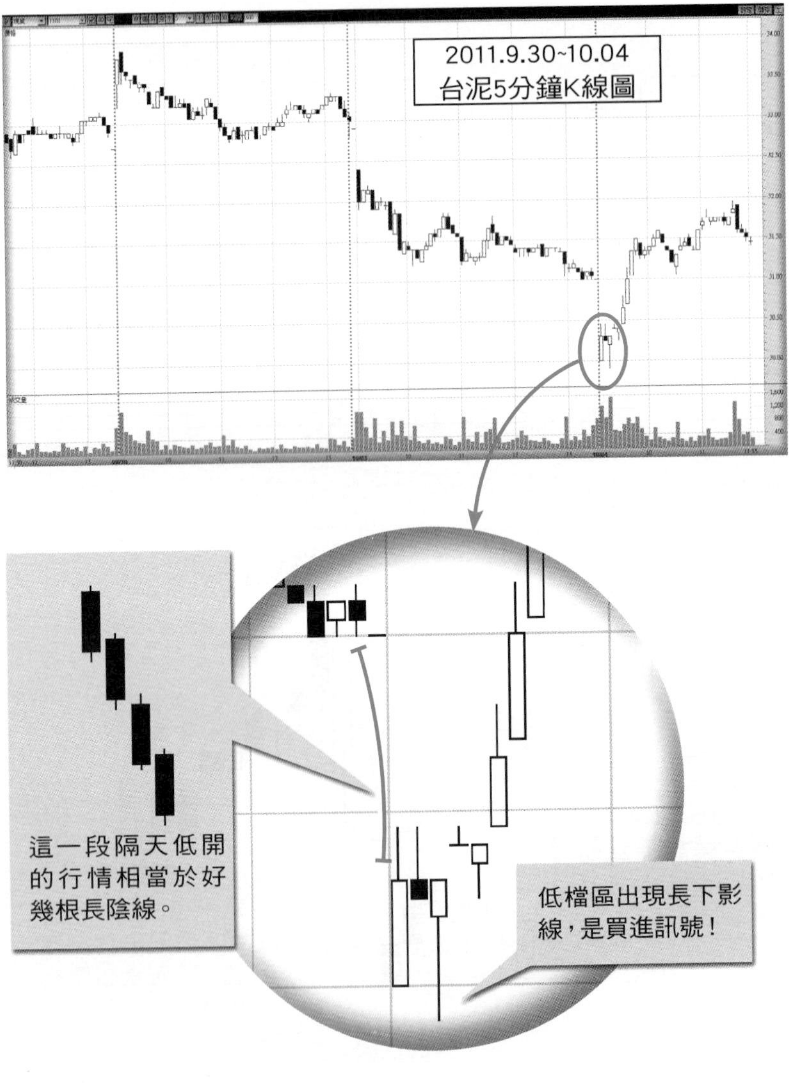

2011.9.30~10.04
台泥5分鐘K線圖
這一段隔天低開的行情相當於好幾根長陰線。
低檔區出現長下影線，是買進訊號！

圖3-3：下影線是值得注意的上漲訊號(範例三)

圖片來源：台灣工銀證券

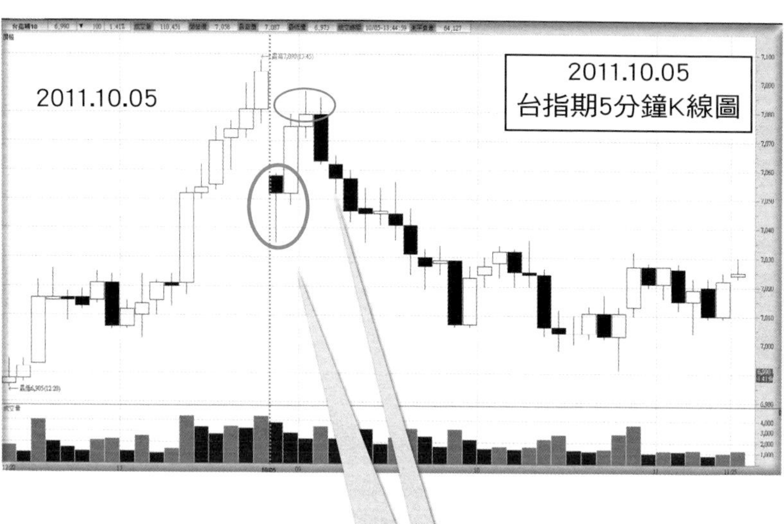
2011.10.05
2011.10.05
台指期5分鐘K線圖

雖然是當天一開盤就出現長下影線，但整體出現的位置並非低價圈。再者，因為出現長下影線而買進，當上漲過程中出現長上影線，表示高檔有人急於賣出時，也應先獲利了結，看情況再進場。

POINT

長下影線是低價有所支撐的訊號。也就是說，股票最初被大量賣出，在最低價處開始被買進，等於是股價在反撲後終將上漲。

04　打破盤整後的上漲要跟上

有沒有想過，對股價預測很準是在什麼情況下？很不準又是在什麼情況下呢？

一般說來，對股價的走勢預測非常不準的時候，通常是行情處在很小的幅度內上下波動的時候——當你覺得它可能上漲的時候，它下跌了；而你以為它將繼續下跌的時候，它又上漲了。

當行情處在盤整期時，這時的價格幾乎沒有什麼變化，成交量也會漸漸減少，當大部份的投資者都認為這段時間過去後，「不會再下跌」了，因此會有很多人開始買進。這樣一來，持有「看來要漲了」這一觀點的投資者越來越多，而使得陽線出現。

這正是買進的好時機。

本文舉兩個台指期的範例，一個是2011年10月4日，當天的行情氣氛至少有兩次是出現小幅盤整，在擺脫盤整出現陽線上漲時，跟進上漲情勢很容易賺到差價，尤其當國際間出現利多消息，亞洲盤也以上漲回應時，類似這種「盤整→向上擺脫盤整→上漲」的情況很常見。

當然，也不是所有行情都適合這樣的公式，本文的另一例，是2011年10月5日的台指期，當天國際行情雖然十分樂觀，但空頭卻意外的聲勢浩大，雖然擺脫盤整後，多頭努力的向上衝搏，卻一次次的快速又被壓回，所以，投資人應該很機靈的應對市場。

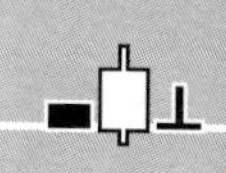

圖4：盤整表示行情在穩定中積蓄著能量

圖片來源：台灣工銀證券

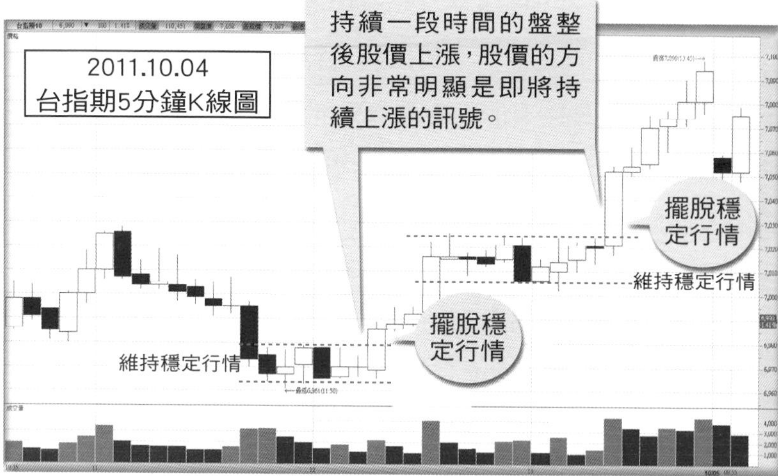
2011.10.04
台指期5分鐘K線圖
持續一段時間的盤整後股價上漲，股價的方向非常明顯是即將持續上漲的訊號。
擺脫穩定行情
維持穩定行情
擺脫穩定行情
維持穩定行情

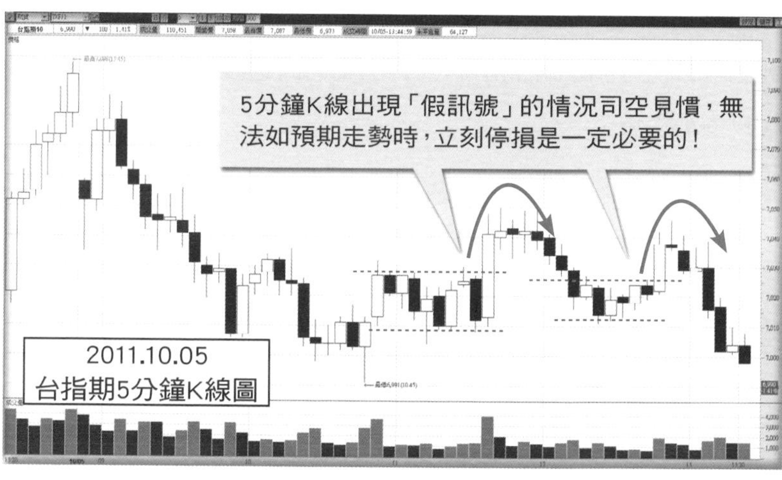
5分鐘K線出現「假訊號」的情況司空見慣，無法如預期走勢時，立刻停損是一定必要的！
2011.10.05
台指期5分鐘K線圖

05　多條下影線＝低價有撐

股價下跌後出現了下影線，說明「行情在這裡是最低價」，有時候出現長下影線不僅僅是一根，有可能是2根、3根或更多。這意味著是「最低價的底線」，也可以換成說「如果股價再繼續往下跌的話，買的人會很多，因此不會再跌了」的訊號。

因此，看到這個訊號時，不必多想可以先直接買進，然後再慢慢看股價會漲到哪裡。當然，也不能排除會有極端不良的情況，在你買進後股價卻急速下跌，但不管怎樣這樣，多根下影線的出現，可以說明重複買進的強勁趨勢，這裡可以給投資人一個很高的買進獲利機會，比起胡亂買進，這裡買進的安全度相對高很多。

至於何時可以獲利了結呢？

基於最安全的考量，在上影線出現的時候賣出吧。像這樣一面選擇適當的時候出手，為了降低風險的同時，也應該選擇在出現相當利潤且行情已經開始遇到賣出壓力時逃離，這樣從事極短就可以安穩入袋了。

圖5：下影線的最低價底線可以放心買進

圖片來源：台灣工銀證券

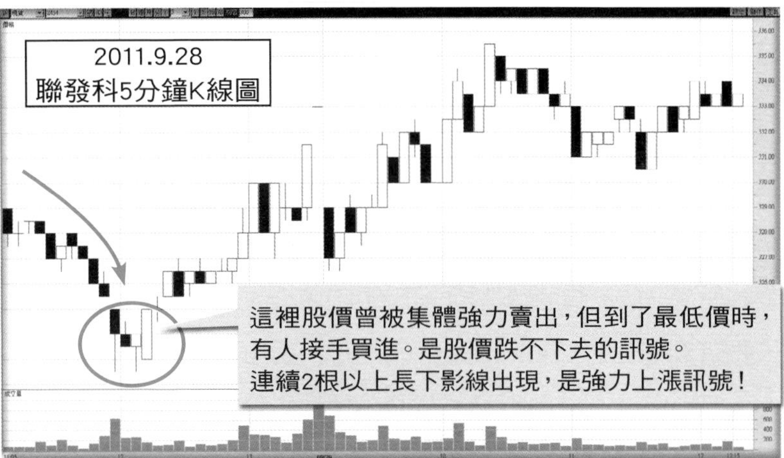
2011.9.28
聯發科5分鐘K線圖
這裡股價曾被集體強力賣出，但到了最低價時，
有人接手買進。是股價跌不下去的訊號。
連續2根以上長下影線出現，是強力上漲訊號！

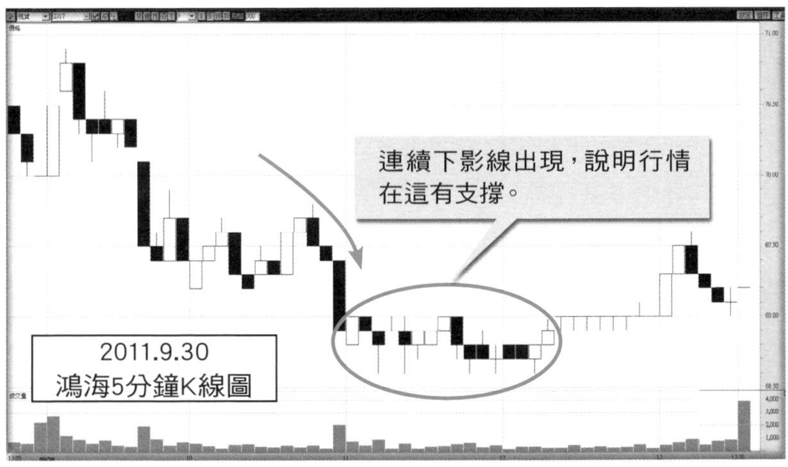
連續下影線出現，說明行情
在這有支撐。
2011.9.30
鴻海5分鐘K線圖

06　三條陰線之後的反轉可以跟上去

從早上開始連續出現3根以上陰線，在止跌反轉後，終於出現了大幅度的反彈，這樣的例子不少。也就是說，在看跌行情的投資人「用力」的將股票賣出後，想賣股票的人都賣掉了，之後行情若反轉向上，價格不再繼續探底，總會迎來一波反彈行情。

不過，這裡要特別強調，在這裡的反彈，通常只是一群投機者趁行情可能超跌的當兒準備快速買進，並不是真正的上漲，雖然也有可能真的在這裡就上漲，但機率並不高，總之，投資人千萬別抱著要把這一個反彈的行情100%捉到手，甚至連50%的期望也不要，只要期望能捉住這種瞬間反彈10%的行情就夠了。

要操作這一類的股票除了要有這種「狙擊式」快進快出的交易手法之外，選擇股票與選擇時機很重要。例如，當前一天晚上美股大跌，但台股並沒有什麼要命的利空消息時，體質好的股票就常會出現「開盤先跟進大跌，但隨即反彈」。因此，平日就應該收集優良股票做為「狙擊」的目標，一旦發現消息面、基本面與圖形都配合出現時，就出手做交易。

本文的兩個例子，是2011年10月4日的大立光與宏達電，前一個交易日美盤大跌2百多點，引發台股一開盤即全面低開，但不到10分鐘，許多股票即逆勢上揚，雖然不知道行情會回升到什麼地步，但對體質健全的優質股，總能搶到反彈價。

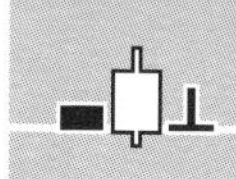

圖6：3根陰線後可能出現反彈，往往是下跌的暫時終結

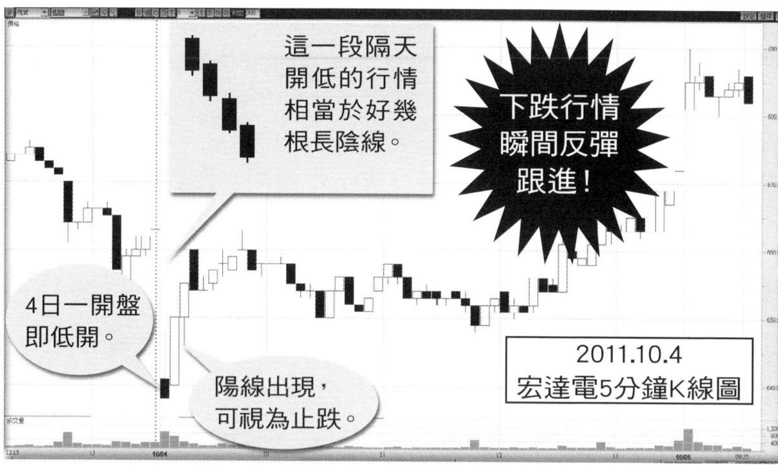
這一段隔天開低的行情相當於好幾根長陰線。
下跌行情瞬間反彈跟進！
4日一開盤即低開。
陽線出現，可視為止跌。
2011.10.4
宏達電5分鐘K線圖

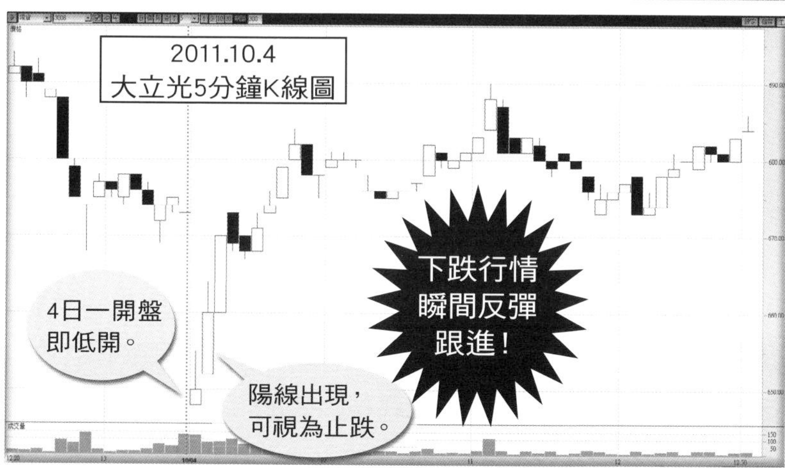
2011.10.4
大立光5分鐘K線圖
4日一開盤即低開。
陽線出現，可視為止跌。
下跌行情瞬間反彈跟進！

圖片來源：台灣工銀證券

POINT

被大量拋售直至出現3根陰線以上，有可能已到達了賣出的極限，當止跌訊號出現，可以快進快出搶反彈！

07　下跌後的「孕線」

不管出現多麼強烈的下跌，在最低價處出現陽線，而且這根陽線被前一根陰線完全覆蓋、形成「陰孕陽」時，這是上漲的訊號。

本文舉四個例子，前兩個是陰孕陽成功上漲的例子，後兩個雖然也是陰孕陽，但卻無法上漲的例好。

以10月4日廣達為例，一早行情先是低開，投資人跟著信心不足紛紛拋售持股，所以，第一根5分鐘K線就收了一根大陰線，值得期待的是，這根大陰線下面出現影線，說明，在這一波恐慌的下跌中，低價其實是存在買進力道的，接著從這根陰線的實體孕育了一根完全被前一根陰線覆蓋的陽線，在這裡，投資人可以視之為「拋售到此為止」，繼續下跌並不容易。這樣一來，買進的人開始增多，雖然仍然有少數人在拋售，但買進者增加的速度與決心仍超過賣出者，所以，陽線繼續頑強地上升。這正是買進的一方戰勝了賣出的一方的證據，之後跟進多頭買進的投資人就有機會賺到差價。

第二個例子是2011年10月6日的台指期。

原本在高檔陷入盤整的行情，在盤中新聞快訊發出蘋果共同創辦人賈伯斯（Steve Jobs）去世的消息後，行情突然向下急跌50點左右，這則消息對市場的影響有多大？誰也說不準，但從陰線之後孕育的小陽線，表示悲觀情緒已經趨於平靜，由於大環境並沒有什麼其他的利空消息，所以，行情繼續既有的上漲走勢。

另外兩例是在「陰孕陽」之後行情沒有順利上漲的例子，雖然投資人可以透過看股價圖的方法研判行情，但行情愈短交易訊號愈容易失誤，一定要培養「看錯就砍」的習慣，即時停損為宜。

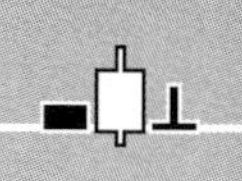

圖7：低價處被陰線覆蓋的孕育線範例(順利上漲)

圖片來源：台灣工銀證券

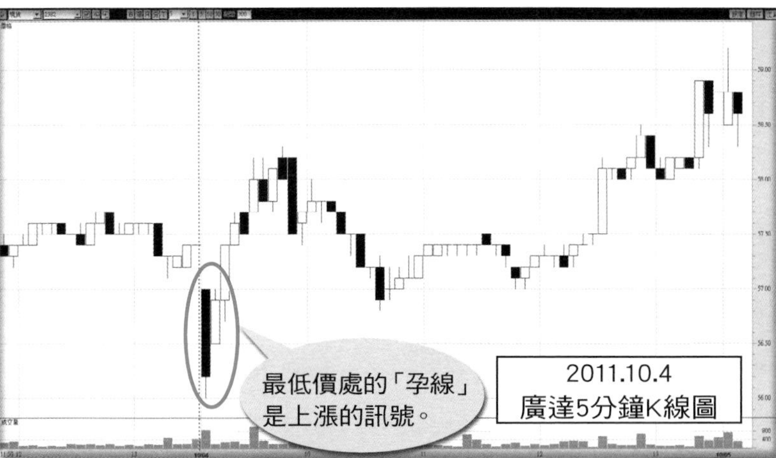
最低價處的「孕線」
是上漲的訊號。
2011.10.4
廣達5分鐘K線圖

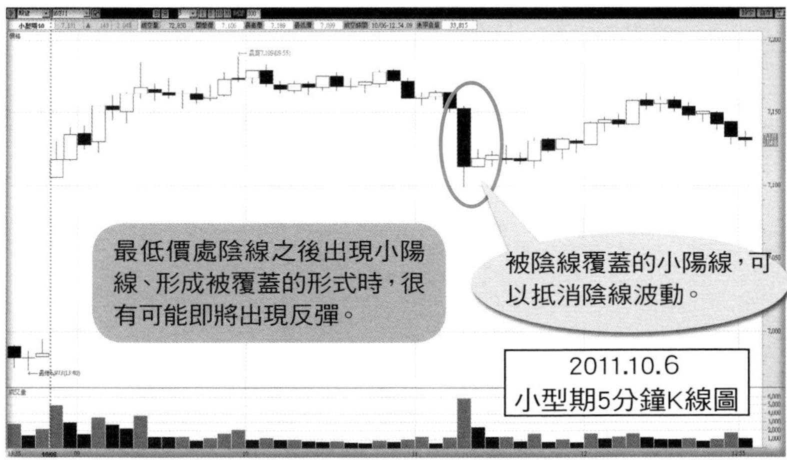
最低價處陰線之後出現小陽線、形成被覆蓋的形式時，很有可能即將出現反彈。
被陰線覆蓋的小陽線，可以抵消陰線波動。
2011.10.6
小型期5分鐘K線圖

圖7-1：低價處被陰線覆蓋的孕育線範例(沒有順利上漲)

圖片來源：台灣工銀證券

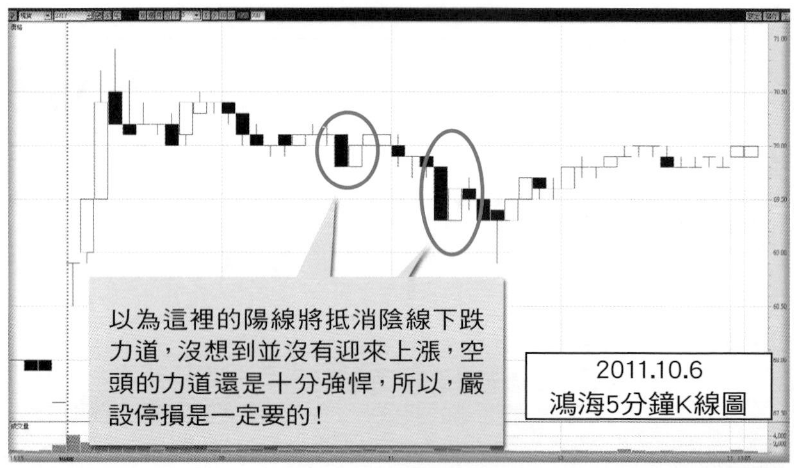
以為這裡的陽線將抵消陰線下跌力道，沒想到並沒有迎來上漲，空頭的力道還是十分強悍，所以，嚴設停損是一定要的！
2011.10.6
鴻海5分鐘K線圖

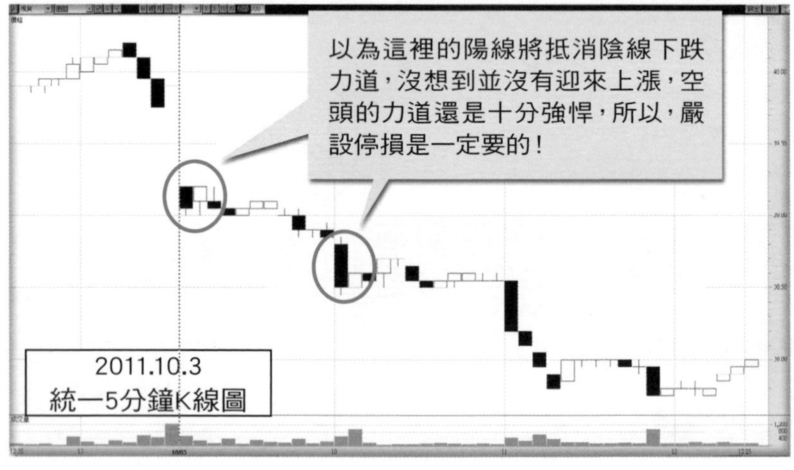
以為這裡的陽線將抵消陰線下跌力道，沒想到並沒有迎來上漲，空頭的力道還是十分強悍，所以，嚴設停損是一定要的！
2011.10.3
統一5分鐘K線圖

投資經典系列

巴菲特
策略
股票投資
BUFFETT

定價：380元

巴菲特股票投資策略

作者：劉建位　經濟學博士

儘管巴菲特經常談論投資理念，卻從不透露操作細節，本書總結巴菲特40年經驗，透過歸納分析與實際應用印證，帶領讀者進入股神最神秘、邏輯最一貫的技術操作核心。

FINANCE IS A TRUE LIE
財務
是個真實的謊言

定價：299元

財務是個真實的謊言

作者：鐘文慶

為什麼財報總被人認為是假的，利潤真的存在嗎？財務數字的真真假假看似自相矛盾的很多關係，都有合理的解釋嗎？當您知道這些謊言是怎麼形成時，謊言不再是謊言...

作手
獨自徘徊
天堂與地獄
之間

定價：420元

作手

作者：壽江

中國最具思潮震撼力的金融操盤家「踏進投機之門十餘載的心歷路程，實戰期貨市場全記錄，描繪出投機者臨場時的心性修養、取捨拿捏的空靈境界。」

幽靈的禮物

定價：420元

幽靈的禮物

作者：亞瑟·辛普森

美國期貨大師「交易圈中的幽靈」、「交易是失敗者的遊戲，最好的輸家會成為最終的贏家。接受這份禮物，你的投資事業將重新開始，並走向令你無法想像的坦途。」

【訂購資訊】　　http://www.book2000.com.tw

郵局劃撥：帳號/19329140　戶名/恆兆文化有限公司

ATM匯款：銀行/合作金庫(代碼006)/三興分行/1405-717-327091

貨到付款：請來電洽詢　TEL 02-27369882　FAX 02-27338407

08 低檔大陽線包住前面陰線時

股價跌倒低價時，會出現各種各樣止跌的訊號，若下跌趨勢中出現包圍之前陰線的大陽線，也是這種訊號之一。

陽線出現包圍形勢，是因為買進的一方大幅超過了賣出一方，這種圖形出現後，有機會陽線會繼續向上推進上升，股價也會隨之連續上漲。

學習技術分析最重要的是能靈活的判斷，行情是活的，當價格在跌了一段時間之後，不斷重覆出現止跌訊號，例如，先是出現很長的下影線，之後股價略反彈後又再出現陰線，之後多頭火力集中再拉一根長陽線把前面的陰線整個包覆在裡面，如此雙重訊號(甚至可能是三重訊號)，投資人就可以更篤定買進。

當然，股票的世界沒有絕對，尤其一日內交易變數很多，利空消息可能讓本來集中火力反攻的多頭一下子就棄守，本文的聯強例子就是如此，由2011年10月6日的5分鐘線來看，至少有兩次，聯強多頭企圖奮力拉高價格，但仍不敵空頭賣壓，上漲的氣勢遲到第二天(7日)才有表現空間。

技術分析是活的，掌握基本原則後在盤中靈活應對相當重要，即使一時判斷失誤必需進行停損也不用慌張。只要即時停損即可。

圖8：低檔時大陽線包圍小陰線是買進訊號

圖片來源：台灣工銀證券

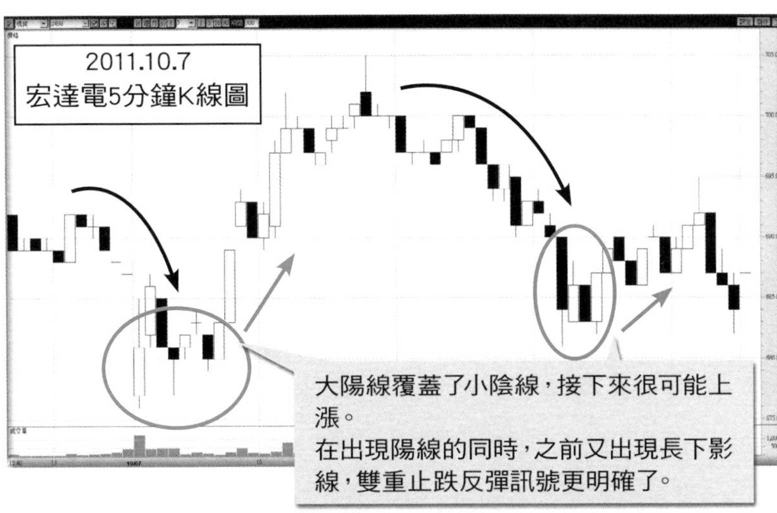
2011.10.7
宏達電5分鐘K線圖
大陽線覆蓋了小陰線，接下來很可能上漲。
在出現陽線的同時，之前又出現長下影線，雙重止跌反彈訊號更明確了。

圖8-1：技術分析也會出現失誤，即時停損是必需的

2011.10.6
聯強 5分鐘K線圖
在低價附近的覆蓋陽線是上漲開始的訊號，但短期買賣的「勢頭」還是最關鍵的，當大環境不利，空頭氣氛高張時即使多頭強力抵抗，也可能不敵空頭氣焰，形成欲振乏力的態勢，因此，不管任何時候，再明確的交易訊號，當與判斷方向不同時，應該停損出場。

09　紅三兵低價附近出現，上漲訊號

低價處陰線轉為陽線，並相繼出現三條小陽線時，就會抵消了之前下跌的陰線，顯示了有利於多頭買進的訊號。

紅三兵一般指的是三條連續的「小」陽線，也就是說，行情下跌到這裡時，買進趨勢逐步戰勝賣出，使得行情一點一點的上漲，從K線圖上來看，每一根陽線都不長，而且後兩根開盤價在前一根小陽線的實體內。若這3條陽線之後繼續出現陽線時，即使與陰線交錯，也可以做出股價即將上漲的判斷。

但是，必須要注意的是，如果出現的不是三條「小」陽線而是三條「大」陽線時，很有可能預示著上漲到此為止了，因為急漲往往引發獲利了結的賣出，但這也不完全必然，投資人可以注意觀察整體市場的氣氛與實際交易買進、賣出力量對比關係，當然，在出現三根大陽線之後K線圖的走向也很重要，它屬於先獲利了結而小跌一下再繼續上攻？還是整體在暴漲之後暴跌呢？之後股價的走向也是觀察重點。

另外，紅三兵在行情上漲中段，未必預示著接下來還會繼續上漲。另外，在很嚴重的下跌後出現紅三兵也未必就是買進訊號，有時反而是應該看做賣出，一方面投資人要綜合許多市場氣氛掌握「盤感」，另一方面也要避免在運用中做出太絕對的判斷。

圖9：紅三兵在低檔附近出現是多頭勝出行情上漲訊號

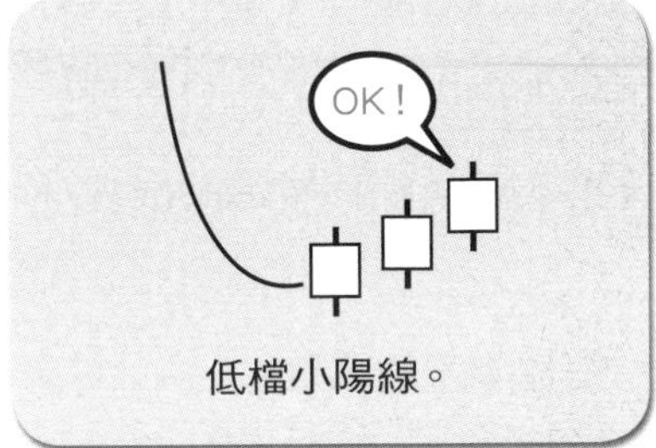
OK！

低檔小陽線。

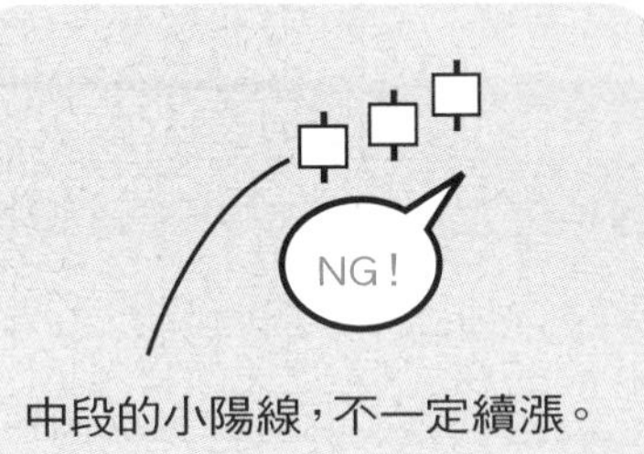
NG！

中段的小陽線，不一定續漲。

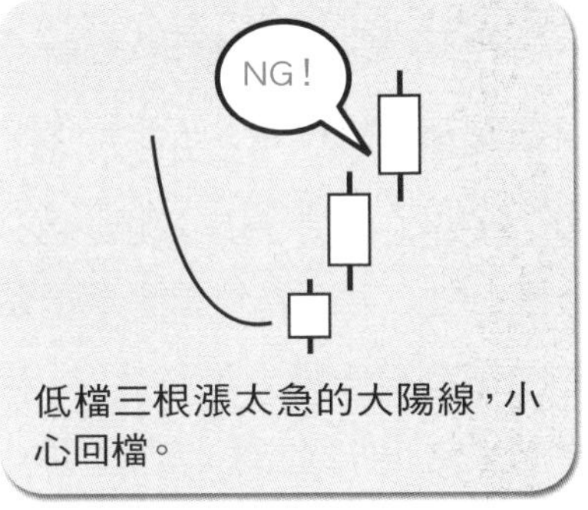
NG！

低檔三根漲太急的大陽線，小心回檔。

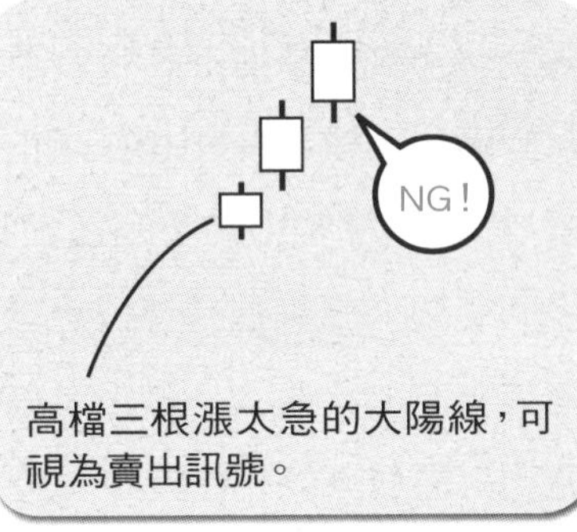
NG！

高檔三根漲太急的大陽線，可視為賣出訊號。

圖片來源：台灣工銀證券

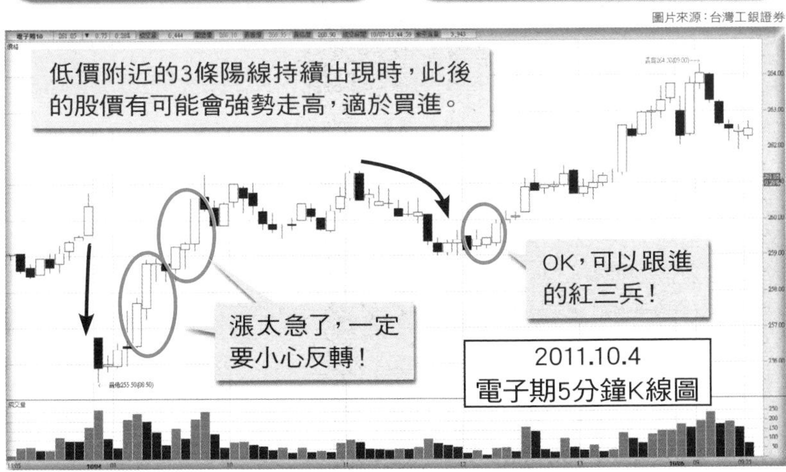
低價附近的3條陽線持續出現時，此後的股價有可能會強勢走高，適於買進。
漲太急了，一定要小心反轉！
OK，可以跟進的紅三兵！
2011.10.4
電子期5分鐘K線圖

10 低價附近突破盤整向上後，買進

行情陷入盤整時，顯示在這一段盤整期間，多頭、空頭勢均力敵，若雙方兵馬相當本來互不相讓，後來多頭勝出，那麼，投資人就會在「必須快點跟上」的想法下，跟進勝利的一方，因此股價就一傢伙先上漲再說，這時，就是投資人再次跟進捕捉買進的機會，而使得行情出現一段時間的上漲。

這是在上漲下跌的力量較量下，買進險勝的結果。

及早捕捉到這一訊號並跟進，投資的人可以獲得較多的利潤幅度。但是，上漲並不是無止盡的，一定會在某一點處結束，同時在人們獲利了結之後，出現行情回檔，沒有經驗的投資人可能會很緊張，剛才那麼強力的多頭猛攻氣勢到那裡去了？事實上，即使主力多頭想要一口氣把行情拉上去，過程中也一定會遇到想要早一點落袋為安的投資人，所以，上漲途中會遇到賣出壓力是必然的，若看到上漲氣氛仍相當良好，這時的回檔是加碼的訊號，當然，若沒有信心，跟著獲利了結也OK！

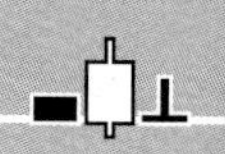

圖10：注意穩定行情中的相持不下

圖片來源：台灣工銀證券

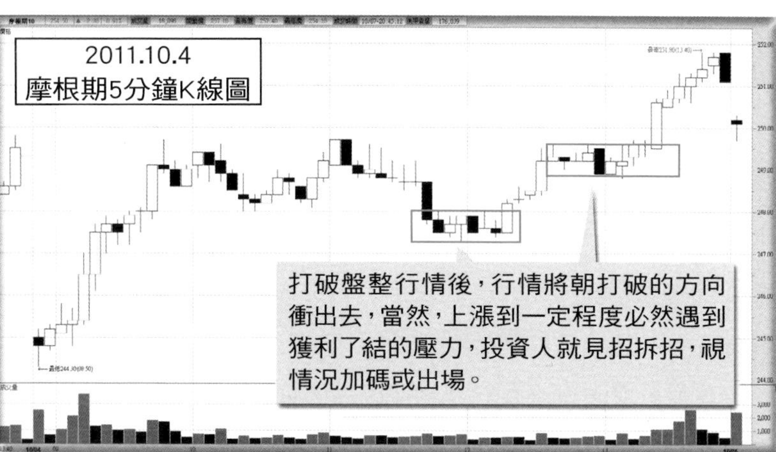
2011.10.4
摩根期5分鐘K線圖
打破盤整行情後，行情將朝打破的方向衝出去，當然，上漲到一定程度必然遇到獲利了結的壓力，投資人就見招拆招，視情況加碼或出場。

POINT

打破盤整行情後的上漲，一般說來，盤整時間愈長，上漲的幅度就愈大。

11　下跌途中出現啟明星，買進

股價在低價附近徘徊，儘管被大量賣出並進一步跳空創新低，但接下來的K線卻上漲出現陽線，是暗示下跌行情結束的「啟明星」。

以台塑(1301)的5分鐘股價圖為例，當天早上開盤行情一直相當弱，可以說連個像樣的反彈也沒有，但在靠近12點時，行情突然一陣強力的拋售，一口氣把本來就很弱的行情跳空壓下去，但幾乎也在同時，買單大批的灌入，硬把行情從最底部拉上來，於是在低價圈出現一根跳空且下影線很長的T字線，更令多頭振奮的是，這一股多頭力道完全沒有因為剛才的拉抬而減弱，反而繼續拉出陽線，於此，形成在下跌途中的啟明星，本來抑制的多頭在這裡一口氣加入買進的行列，讓行情持續上漲。

很多時候，「啟明星」的漲勢不會只拉一根或兩根陽線，連續出現六、七根陽線是常有的事。

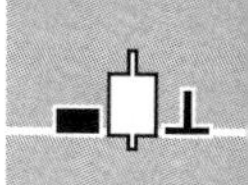

圖11：跳空的低價K線是下跌超過極限的證據 圖片來源：台灣工銀證券

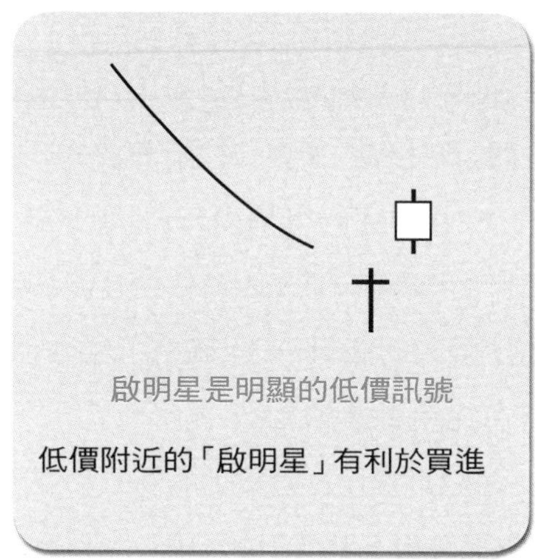
啟明星是明顯的低價訊號
低價附近的「啟明星」有利於買進

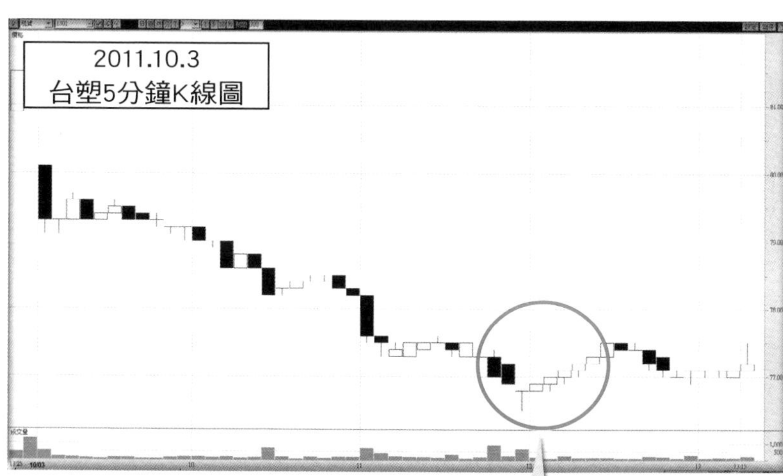
2011.10.3
台塑5分鐘K線圖

下跌的途中出現了跳空的下跌T字線，反彈後股價將突然上漲。
因為是有人認為「這裡股票實在太低了」而買進，所以，投資人可以在這裡跟進。

12 走出三角盤整後的行情

股價的波動幅度逐漸縮小，然後行情離開尖端部位開始大幅上漲，這種股價波動的情況非常多見。三角盤整的模式不分在低價附近或是行情中段附近都會經常出現，是因為能量在長期積蓄下，一旦開始向某一個方向移動，便會一往直前。

以本文中的小型期為例，行情從三角狀的盤整行情中擺脫後直線上漲，連續出現大陽線。這是因為行情在之前較小範圍內波動的同時已經積蓄了很大的能量，一旦確定了是向上的方向後，之前積蓄的能量便會在突然間爆發出來。

股價是強、弱勢力的對決，當買進的多頭和賣出的空頭股票數處於勢均力敵時，上漲和下跌都很難持續，所以會呈現上下盤整僵持的局面，也有可能消息面或基本面並沒有特別的利多或利空，讓多、空雙方人馬並沒有堅持單一方向，而這種僵局一但被打破，有了朝著某個方向的趨勢出現，便會順著這一方向一行到底。

當然，經過多空勢均力敵僵持，上下幅度愈來愈向中間收斂，行情並不一定是向上，也有可能是向下發展，例如，本文中的大立光，在10月7日的行情，歷經開盤後數小時的僵持局面，之後空方勝出，行情急速向下，當天甚至鎖住跌停板。

圖12：三角狀波動圖尖端的走向要注意

圖片來源：台灣工銀證券

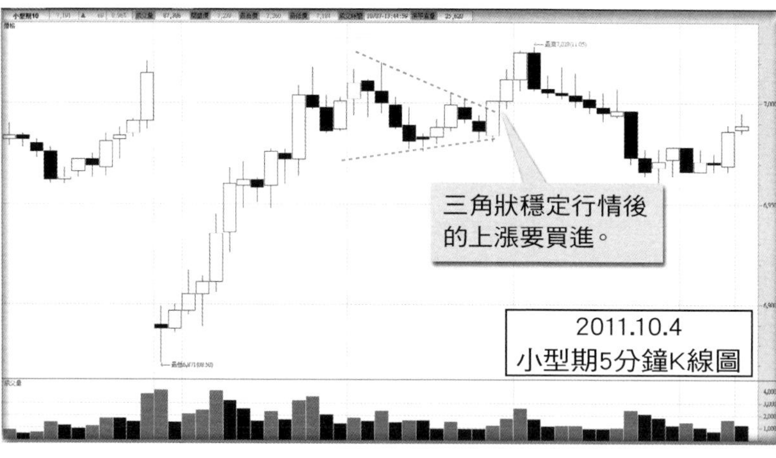
三角狀穩定行情後
的上漲要買進。
2011.10.4
小型期5分鐘K線圖

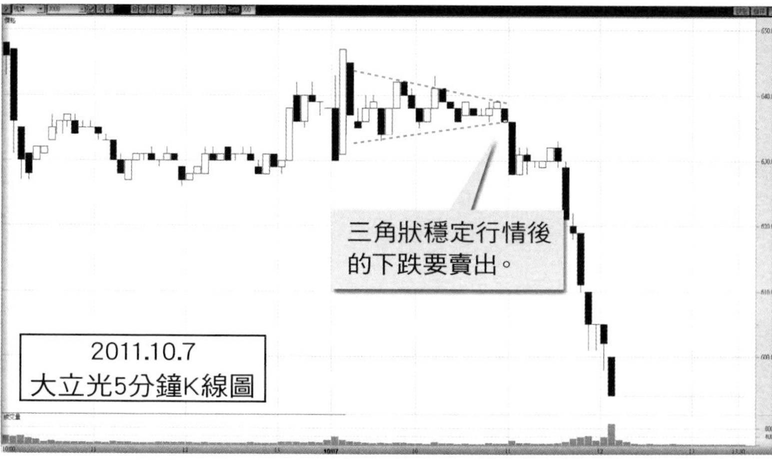
三角狀穩定行情後
的下跌要賣出。
2011.10.7
大立光5分鐘K線圖

POINT

股價振幅變小後的突破，將成為極富攻擊力的上漲或下跌。

13　反復行情後將出現較大的波動

當行情在一定的範圍內來回反復時，大多數的情況離股價大幅上漲或大幅下跌的時候也不遠了。

本文分別舉宏達電與大立光5分鐘K線為例，這兩檔股票從早上開盤後就呈現行情反復、波動沒有明確方向感的盤整，行情既沒有上漲的根據，也沒有下跌的根據，雙方相持不下。

之後隨著買進佔優勢，之前等得已經快失去耐心的投資人終於抓住機會大勢出擊，買進的人越來越多，最終買進推動了行情上漲。

雖然從成交量來看，兩個例子在行情脫離反復盤整期之後並沒有太大的成長，但股價卻上漲，這可以解釋為，並不一定是買方堅持大量買進而使得行情上漲，只要賣出趨勢減弱，讓買進的一方表現突出，在買賣的天平上，就會向買進一方傾斜。

當股價在反復行情結束後趕快買進是聰明的選擇，當然，即使上漲也不是沒有止境的，在出現賣出訊號時，也應該斷然出場。

圖13：反復行情結束後股價上漲

圖片來源：XQ全球贏家

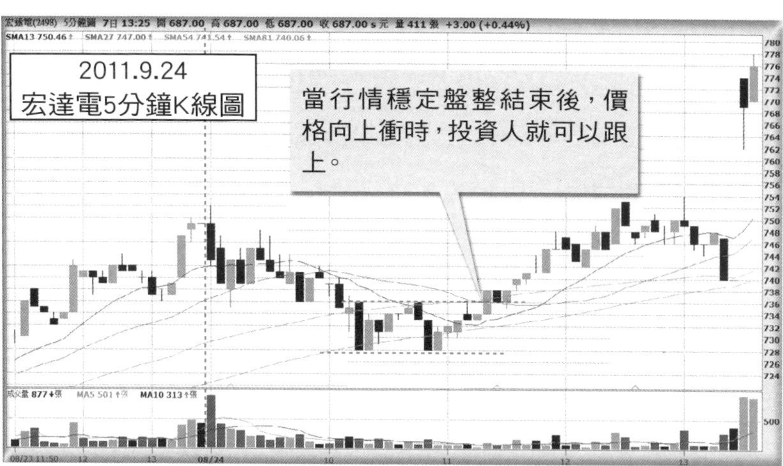
2011.9.24
宏達電5分鐘K線圖
當行情穩定盤整結束後，價格向上衝時，投資人就可以跟上。

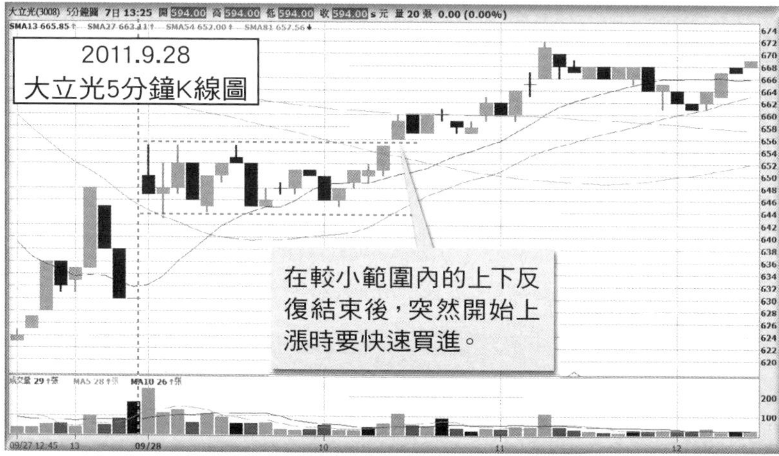
2011.9.28
大立光5分鐘K線圖
在較小範圍內的上下反復結束後，突然開始上漲時要快速買進。

POINT

穩定行情結束後的走向，投資人要跟上。

14 「反攻的陽線」是買進的機會

股價暴跌後，突然終止下跌，同時買進者增加，在低價附近開始出現陽線時，這根陽線可被稱作是「反攻的陽線」。「反攻的陽線」是相對於之前的下跌勢力來說的，也就是說，就在這個位置，投資人覺得價格已經夠低，認為合適買進的勢力出現，而能讓之前下跌的股價開始轉變方向。

在此之後，陽線持續出現股價開始上漲，投資人這時就必須抓住機會立即買進。

股價的變動是買進的多頭和賣出的空頭相持之戰，就如蹺蹺板的遊戲一樣：股價下跌的話大多數投資者也會慌忙賣出，反之，股價上漲的話大多數投資者也會慌忙買進。

所謂的反攻的陽線是指，賣出趨勢走到盡頭後轉為買進趨勢反攻為守的證據，買進的出現進一步吸引了更多的買進人群加入其中，行情呈現不斷上漲的趨勢。

雖然這裡採用的只是很短的5分鐘的K線圖，但其看圖法與日線圖、周線圖、月線圖等一樣，利用K線的形狀都能顯示當時買進、賣出的力量消長以及當時投資人的思考方法。但不同的是，因為5分鐘線是表達了在非常短的時間內行情的變動狀況，也有可能出現像本文的另一個例子，雖然出現了反攻的陽線 但行情仍欲振乏力的情況。

圖14：抵消陰線的股價的走勢

圖片來源：XQ全球贏家

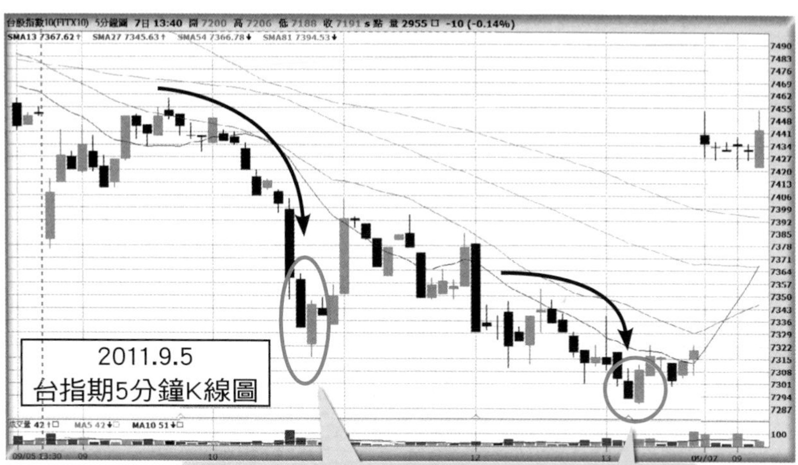
台股指數10(FITX10) 5分鐘圖 7日 13:40 開 7200 高 7206 低 7188 收 7191 s 點 量 2955 口 -10 (-0.14%)
SMA13 7367.62↑ SMA27 7345.63↑ SMA54 7366.78↓ SMA81 7394.53↓
2011.9.5
台指期5分鐘K線圖

暴跌後，低價附近突然出現陽線，走勢可能出現非常強勁的反彈。

這裡雖然也出現與低價附近的陰線相抗衡的陽線，但卻「反攻」不成，很快的又敗落下來，因此，投資人仍應做好風險管理，即時停損。

圖片來源：台灣工銀證券

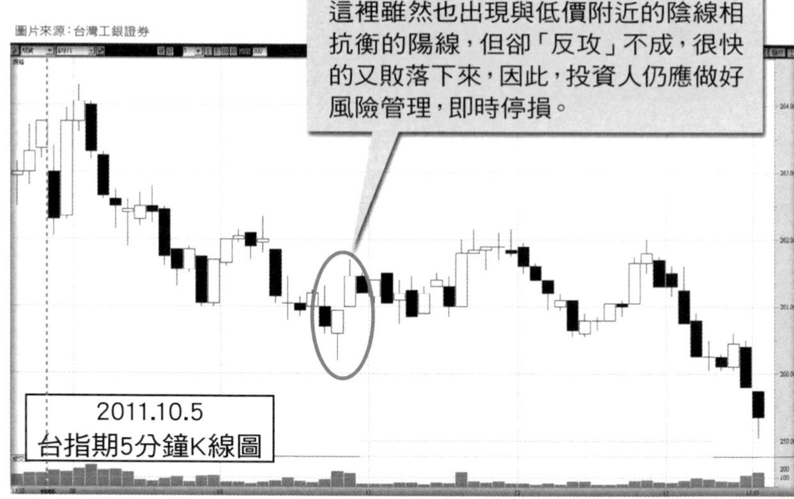
2011.10.5
台指期5分鐘K線圖

Part 5

5分鐘K線賣出訊號

RSI
KD
MACD

01 高價處突然出現大陰線是跌勢開始

做多者「清倉」要在哪裡開始呢？

標準之一就是當出現大陰線的時候！

以本文的可成為例，2011年9月30日，一早可成曾經一度呈現強勢上漲趨勢，但在高價圈內出現了足以抵消之前漲趨的大陰線，此時投資人必須意識到，從這根大陰線開始可能要開始走下跌的基調。

另外一個例子是8月24日台指期的走勢，從一早開始，當天行情就順著漲勢一路挺進，但到了下午1點左右，同樣的在高檔區出現一根很長的大陰線，抵消了之前的上漲勢頭，在這裡也是多頭應該清倉出場的時機。

不知道是什麼原因，但只要出現讓之前順利上漲的股價突然陷入被大規模拋售時，即使沒有伴隨著大成交量的出現，僅只有價格下跌也表示了，在這裡賣出已經強過買進了。

投資人要很明白，股票即使暫時上漲而且上漲的力道很強，但並非是真正的「上漲」，再怎麼會漲的股票，最終還是會有下跌的時候，尤其在出現強力拋售的大陰線出現後，因為高價處突然出現的大陰線預示了投資人想「趕快賣出」的恐慌心理。在強勁的賣出趨勢下，必須機敏應對。

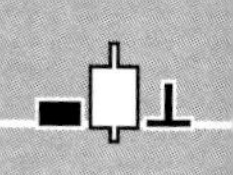

圖1：大陰線顯示了賣出的壓力

圖片來源：XQ全球贏家

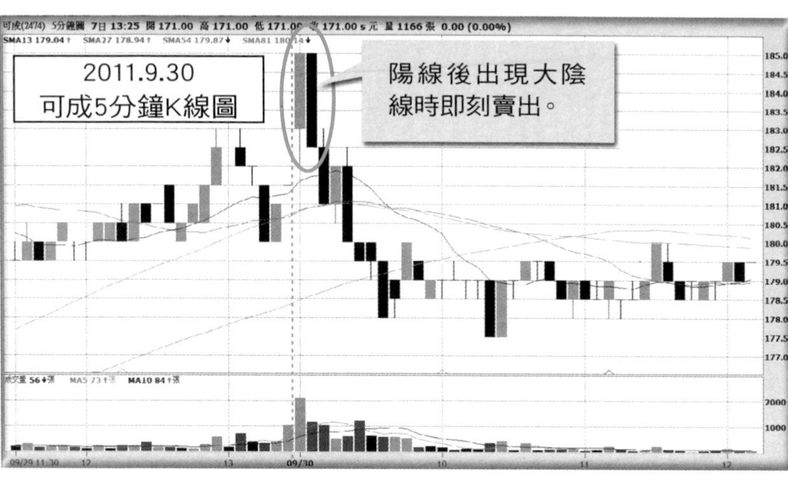
2011.9.30
可成5分鐘K線圖
陽線後出現大陰線時即刻賣出。

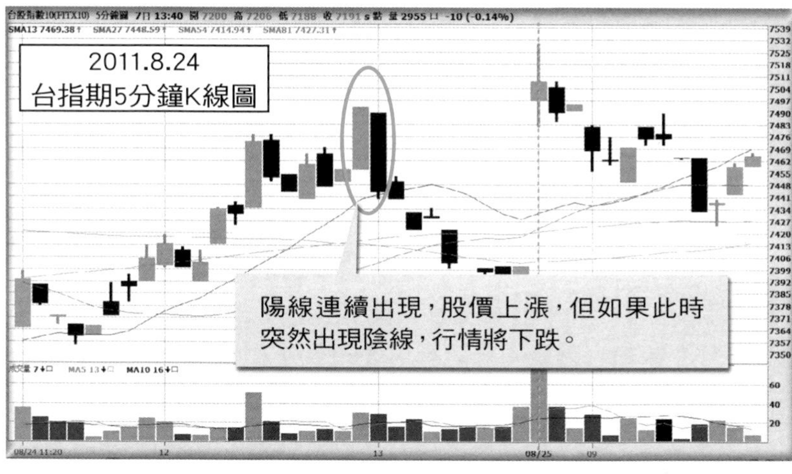
2011.8.24
台指期5分鐘K線圖
陽線連續出現，股價上漲，但如果此時突然出現陰線，行情將下跌。

02　高價處的上影線＝高價已達極限

行情攀上高價之後，必然遇到獲利了結(本來是買多，但因為有賺就賣出)與賣出(本來就不看好行情，在這裡放空)這兩種雙重的賣壓，而讓價格出現下跌。以2011年10月6日的台指期為例，當天一早開盤就以強力的高盤開出，之後又連續大漲，但這麼美好的漲勢，在高檔區出現長上影線時，表示在高價處已經出現等待賣出的勢力了，對1日內交易者而言，是非常明顯「賣出」的機會。

能搶到極短線價差與股票或大盤表現不一定有太大的關係，行情的波動有可能是因為這一天恰好是調整的時候，也有可能像這一例一樣，因為早上本來就開高，之後買多的投資人又大力跟進，當買進的趨勢暫歇，獲利了結的賣出趨勢占了上風，就可能出現上影線。當行情走勢是如此時，投資人就不宜幻想再繼續出現最高價了，戰略必須轉向爭取有利的出場機會才是。

不管是什麼樣的股票，只要在高價圈裡，出現了上影線後，此後股價上漲的可能性就很低。因此，不管是什麼時候的投資，股價上漲影線一旦出現，投資者就應該著手準備清算，或轉為賣出。

當然，也有可能上影線的出現之後，行情仍繼續創新高價，通常，若持續的高價已經超過上影線的最高價，那麼，手中持有空頭部位應該先停損，因為有可能行情多頭很強，即將繼續上漲。

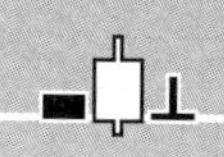

圖2：上升中出現的上影線表示等待賣出的人很多

股價雖然上漲，但出現影線後開始下跌的話，之後賣出者會愈來愈多，股價就不容易再漲了。

圖片來源：XQ全球贏家

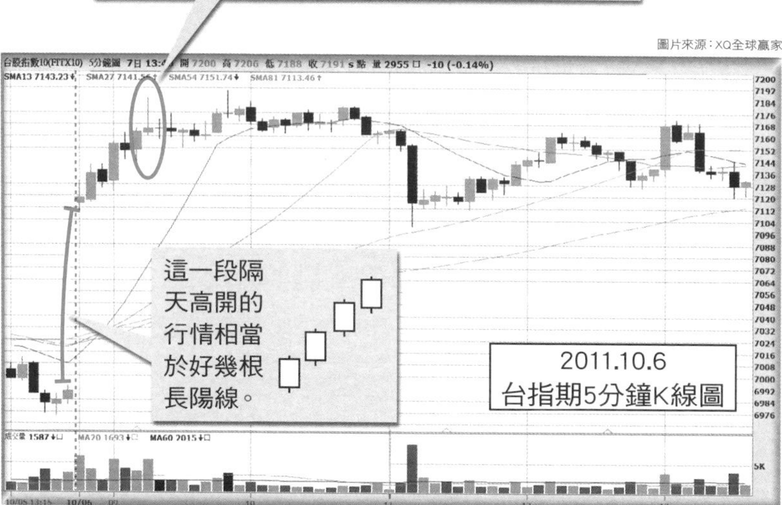
這一段隔天高開的行情相當於好幾根長陽線。
2011.10.6
台指期5分鐘K線圖

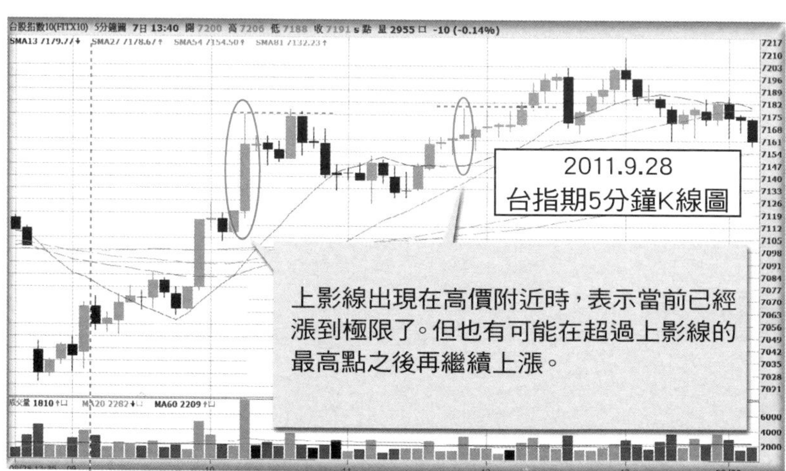
2011.9.28
台指期5分鐘K線圖

上影線出現在高價附近時，表示當前已經漲到極限了。但也有可能在超過上影線的最高點之後再繼續上漲。

03　高價附近「夜明星」是下跌訊號

股價以非常強勁的趨勢上漲，但最後還是會隨著獲利了結的賣出增多，逐漸轉為下跌。慌慌張張的買進方最終轉為賣出，股價突破最高價後暴跌，就出現像離開地平線的星星形狀，又稱為「夜明星」。

「夜明星」是很明顯的下跌訊號，雖然行情衝高了很多(而且很多時候是跳空上漲)，但它不是買進的機會，反而是該賣出，看到這樣的圖形，投資人應該有基本的反應，就是快逃離市場。儘管如此，在這種時候仍有些投資人會買進。但是，聰明的投資者不會在這時候買進。這是典型的高價，是即將下跌的徵兆。

從圖中也看以看出，出現「夜明星」股價將從最高價迅速下跌。投

圖3：高價圈先暴漲後暴跌，是繼續下跌的訊號

股價暴漲，並在接下來的瞬間暴跌時，是很明顯的賣出訊號。

圖片來源：XQ全球贏家

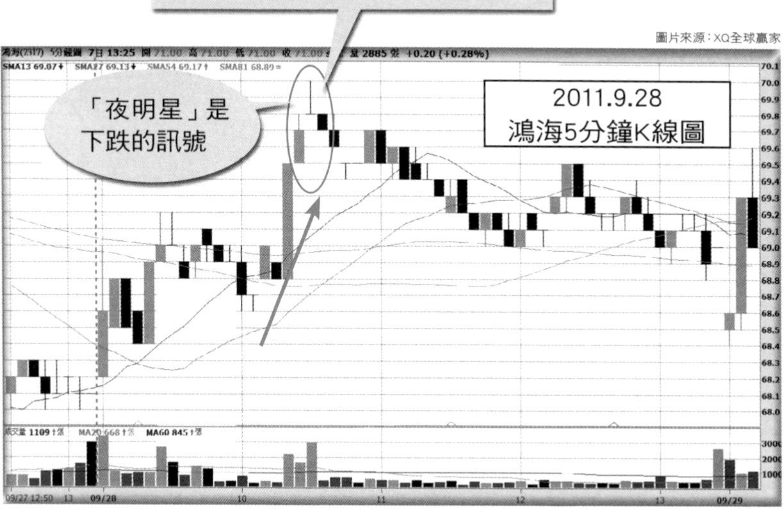
「夜明星」是
下跌的訊號
2011.9.28
鴻海5分鐘K線圖

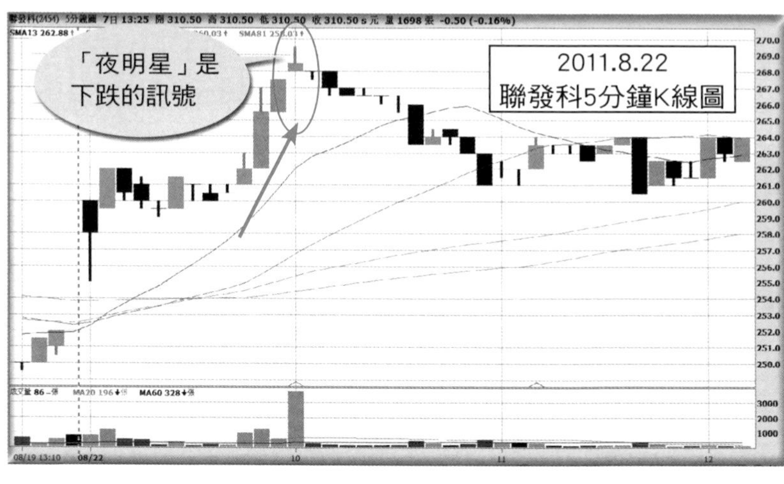
「夜明星」是
下跌的訊號
2011.8.22
聯發科5分鐘K線圖

04　高價處出現「抱線」是下跌訊號

儘管股價之前以非常好的趨勢上漲，但當它突然出現大陰線並覆蓋了之前的陽線(稱之為「抱線」)，是股價將大幅下跌的訊號。

股價變動中，上漲後一定面臨獲利了結的賣出潮，當出現這樣的訊號時，就必須認識到股價的上漲到此為止了。在這裡如果已經出現利潤就可以賣出。

在1日內交易中，看到機會果斷地挑戰股價的波動是必要的。否則，一旦錯過的話，這種機會就不會第二次到來了。

其中，可能有的投資人會認為機會還會再來的，以致在錯誤的時機裡出手，結果投資失敗。該進場沒有進場，最差只走溜了獲利機會而已，但若該出場而沒有出場，後果就可能難以彌補。

圖4：長陰線覆蓋陽線時股價將開始下跌

圖片來源：XQ全球贏家

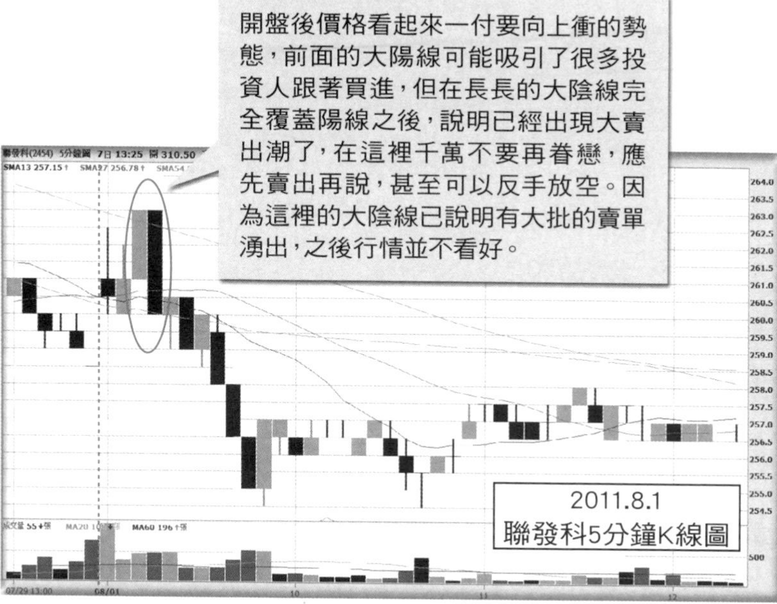
開盤後價格看起來一付要向上衝的勢態，前面的大陽線可能吸引了很多投資人跟著買進，但在長長的大陰線完全覆蓋陽線之後，說明已經出現大賣出潮了，在這裡千萬不要再眷戀，應先賣出再說，甚至可以反手放空。因為這裡的大陰線已說明有大批的賣單湧出，之後行情並不看好。
2011.8.1
聯發科5分鐘K線圖

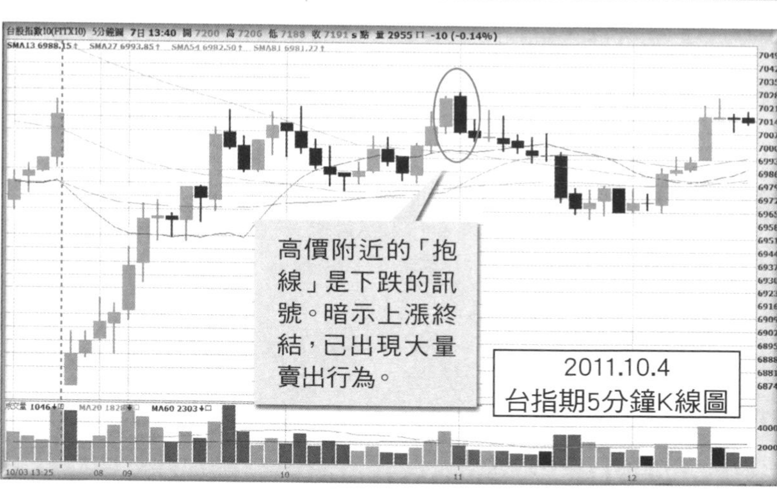
高價附近的「抱線」是下跌的訊號。暗示上漲終結，已出現大量賣出行為。
2011.10.4
台指期5分鐘K線圖

05　高價圈相持不下時出現大陰線

股票投資失敗的重要原因是，錯過了在高價處獲利了結的機會，白白浪費了好不容易到來的獲利。

股價被不斷的愈買愈高，什麼時候行情在「說」：「差不多了」呢？

當行情在相對高檔處出現盤整時，就猶如大部份參與這個價格競標的投資人在說「差不多了吧」，因為行情既下不去，但也漲不上來，多、空雙方相持不下。

如果行情處於相持不下的形勢那還好，持有多頭的投資人還可以等一等，但是一旦價格開始不再向上漲時，不安心態就會開始在投資者心中蔓延。隨之，賣出的人也會不斷增加。

高價附近的大陰線說明投資人已經競相賣出，當這種圖形出現時，往往引發更大部份的賣出潮，最後，行情出現暴跌。

當然，也有可能多頭仍堅信價格應該更高一點才合理，所以，當陰線打破高檔盤整時，認為在這裡價格合理的人反而趁機大撿便宜，讓行情再向上創另一波高潮。雖然這樣子的例子也不少見（見下圖例），但在判斷上仍應以特例對應，也就是說，當高價圈的盤整被向下的大陰線跌破時，宜應先賣出為佳。

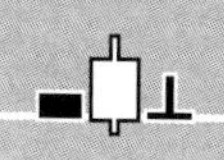

圖5：高價附近出現的陰線是下跌的訊號

圖片來源：XQ全球贏家

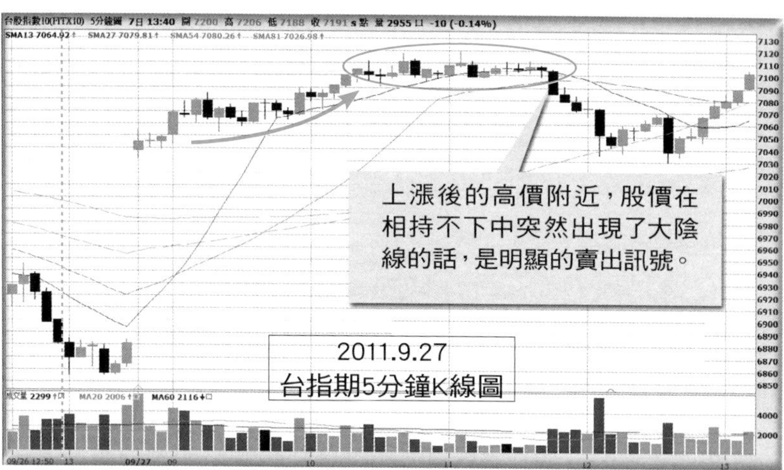
上漲後的高價附近，股價在相持不下中突然出現了大陰線的話，是明顯的賣出訊號。
2011.9.27
台指期5分鐘K線圖

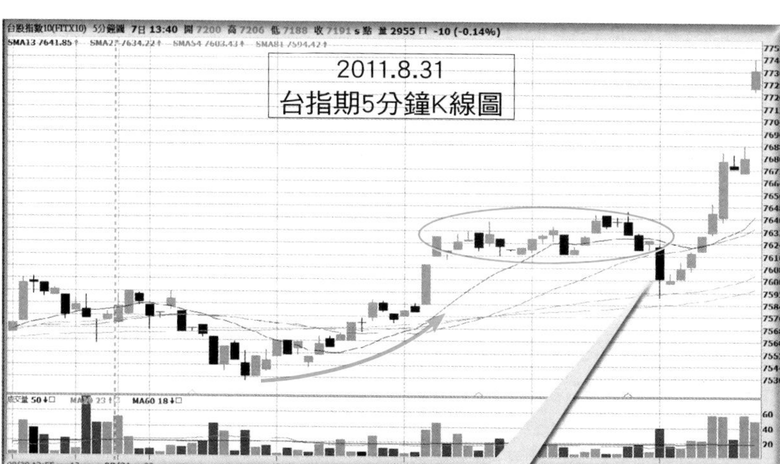
2011.8.31
台指期5分鐘K線圖

雖說跌破高檔盤整區的大陰線是賣出的訊號，但也有「逆向行駛」的情況，這一天台指期在跌破高檔盤整區之後，不但沒有向下重跌，還向上大漲。所以，操作極短線一定要永遠保持開放的心，行情沒有絕對，「要知道行情如何只有問行情。」這句話是永遠要記住的話。

06　向上跳空的2條陰線將成為最高價

跳空上漲連續的2條陰線，換一種說法就是「兩個夜明星」。行情順著股價上漲的趨勢而上漲，但高價處等待賣出的人很多，儘管買進的人多次將股價推高，但最終還是賣出的一方獲勝，股價被壓下來。而這一過程持續出現了兩次或兩次以上，當行情出現這種較弱訊號時，投資人看壞(恐慌)的人將會相當多，因此行情就會出現宛如斷崖絕壁般的垂直下跌。

本文以聯發科2011年9月28日的5分鐘K線為例，9月27日、28日均是開高盤，27日一整天行情幾乎都在高檔盤整，但28日一以高盤開出後，前面兩根黑K線幾乎並排，說明在這裡想要獲利了結的人相當多，第三根5分鐘K線又跳空下跌，此時，可以感覺行情的氣氛已經不再只是「想賣」而已，而是有「逃命」的急迫感，不出一個小時，行情已經跌到前一天收盤之下了。

至於為什麼會跌落到這個地步呢？

「賣！」是唯一可以消除投資人心情恐慌的方法。

對行情影響最大的東西，不是理論，是投資者的恐怖心理和樂觀心理的交替。

一旦股價開始下跌就不會再停止，最終經常走向極端暴跌。這是股市投資人的心理寫照。

圖6：遠離地平線的多條陰線顯示了高價的界限

圖片來源：XQ全球贏家

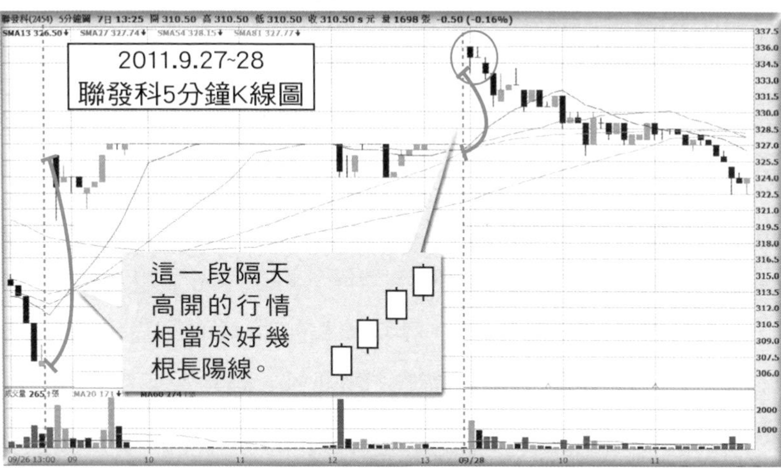
2011.9.27~28
聯發科5分鐘K線圖
這一段隔天高開的行情相當於好幾根長陽線。

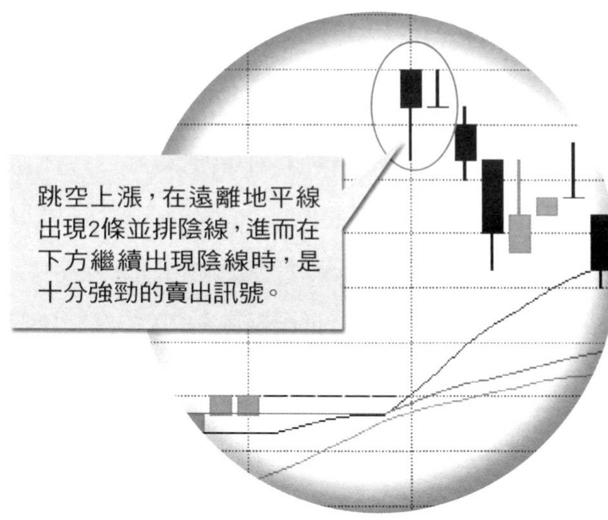
跳空上漲，在遠離地平線出現2條並排陰線，進而在下方繼續出現陰線時，是十分強勁的賣出訊號。

07　開盤就是大陰線，當天氣勢偏弱

在美國股市暴跌的早上，國內的股價也常以跌開場。當然，也有些好的股票早上雖然價格很低，但隨後會反攻；也有一些不好的股票會連續出現陰線下跌。

如何判斷呢？

與美股下跌的因素相關性高的股票，開盤先下跌之後續跌的可能性非常高。例如2011年下半年起，受到歐債影響，美股表現非常的不穩定，當前一個交易日受到「歐債無解」的信心因素影響而美股大跌時，國內的金融類股走勢幾乎可以事先預知，往往先開低、下跌、再繼續下跌。對於一般投資人而言，這樣的局面沒有人高興得起來，但對於採1日內交易者而言卻是好機會，只要在大陰線出現時，繼續放空即可。

這種「獲利機會」也常出現在當台幣升值，相關電子股下跌的情況，在依賴股價變動以賺取差額利潤的當沖投機中，股價下跌時也能獲得利潤差，所以不能讓這種好賺錢的機會白白溜掉。

要能賺到這種「時機財」千萬別太貪心，當K線出現長下影線之後，行情也可能瞬間止跌了。但投資人要進一步判斷，盤中的止跌只是暫時休息，反而可以「加碼放空」的機會呢？還是「獲利出場」的機會呢？因為當行情出現強勢下跌，在大陰線持續出現的過程中，並不會輕易反彈，這也是一般性的常識。

圖7：跟上混亂的股市--開盤的大陰線表示賣出壓力大

圖片來源：XQ全球贏家

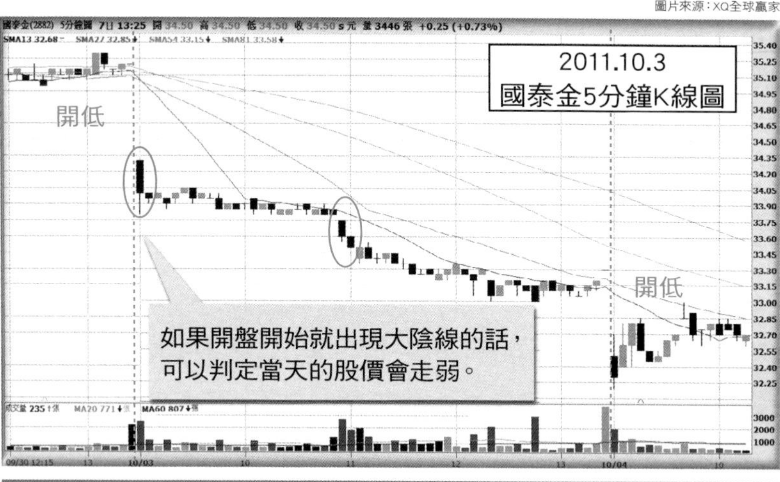
2011.10.3
國泰金5分鐘K線圖
開低
開低
如果開盤開始就出現大陰線的話，
可以判定當天的股價會走弱。

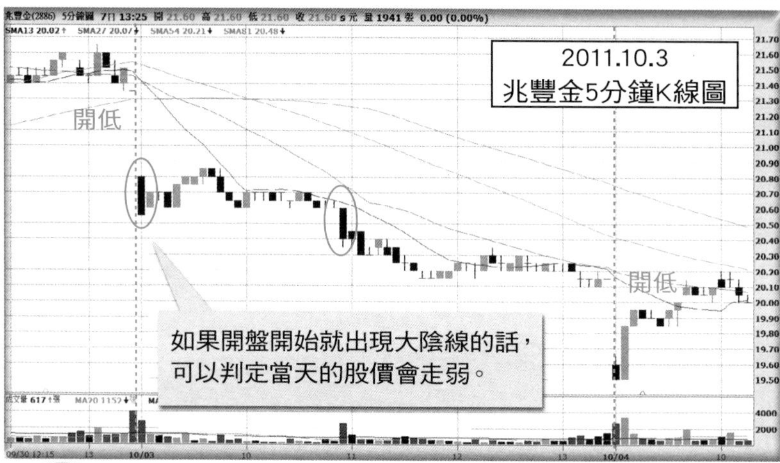
2011.10.3
兆豐金5分鐘K線圖
開低
開低
如果開盤開始就出現大陰線的話，
可以判定當天的股價會走弱。

POINT

受到國際金融二次衰退的疑慮影響，前一個交易日美盤大跌，當天的金融股一定不好過，若出現開盤即大跌的局面，通常一整天表現都不佳，就連反彈也無力。

08　跌出盤整區，行情將續弱

當本來的平衡被打破或逐漸向另一方傾斜時，行情就會向傾斜的一方加速前進，這是一般的行情常識。另外，同樣是下跌，如果長期反復震盪，最終下跌時就要賣出(或放空)。

事實上，若投資人捉得住行情已經在一個價格區間反復震盪，可以採取上賣下買的方式賺取差價，雖然差價的額度很小，但慢慢地積累利潤，也是一種獲利方法，但利用這種區間行情操作時要小心行情當價格已經打破區間震盪朝向單方面走時，應該立刻改變操作手法，因為在僵持狀態下出現的下跌，比較不容易短時間內出現反彈。這時對放空者是較有利的，因為之前的盤整能量積蓄了賣出的能量。

圖8：脫離盤整區股價下跌，宜放空

圖片來源：XQ全球贏家

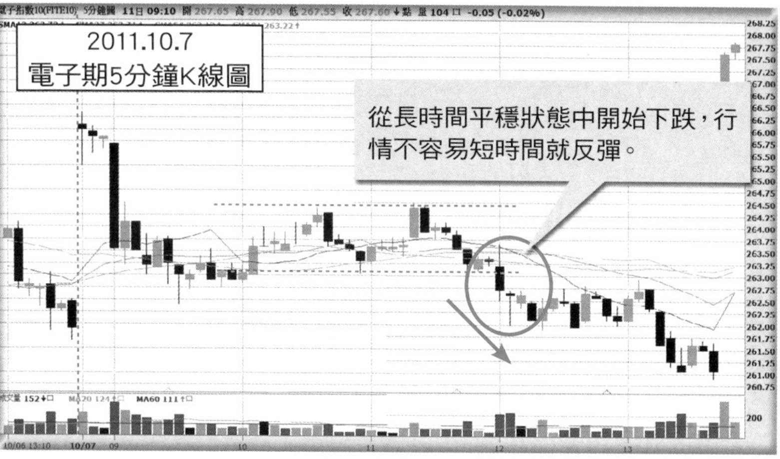
2011.10.7
電子期5分鐘K線圖
從長時間平穩狀態中開始下跌，行情不容易短時間就反彈。

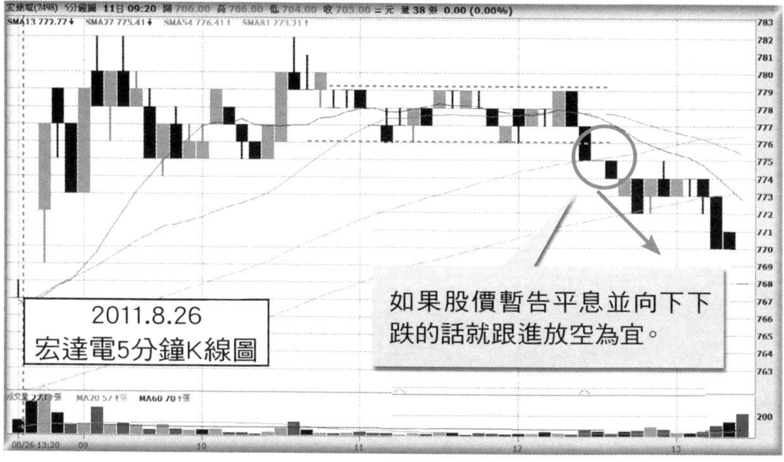
2011.8.26
宏達電5分鐘K線圖
如果股價暫告平息並向下下跌的話就跟進放空為宜。

09　熟悉由上漲轉向暴跌的圖形

股市受各種各樣的外部環境影響，因此有時候投資人一刻也不能猶豫。而影響行情變動的有可能來自企業本身的業績動向、法人對其評等、題材發酵等等，當然，也可能是國內外基金買進或賣出而影響價格。

中長線的投資人可能可以透過很多的研究，包括基本面、籌碼動向以掌握未來價格的走勢，但對1日內交易者，價格的變動往往瞬間就產生了，很多時候行情就像「謊言」一樣，明明早上買進十分積極，行情大漲，但還搞不清楚什麼理由讓價格上漲時，一根長長的上影線高高掛，接著再出現長陰線，讓氣氛一下子凝結，市場從極樂觀進入極悲觀。

這樣子的描述一點也不算「新聞」，而是天天在上演的行情。在目前世界金融不穩定、金融危機不斷深化的環境中，發生什麼情況都不會令人驚訝。但從另一個角度看，在這個動盪的時代，只要方法正確反而可以為投資人帶來大好機會。

特別是一些具有代表性的股票，它們很大程度會因股市整體波動而被左右。所以不能簡單地看表面，說目前在平穩上漲之類的話。一般說來，只要是行情本來是上漲的，出現長上影線或大陰線(很多時候是兩者一起出現)，就可以在心裡下一個結論：現在可能要從暴漲轉到暴跌！先出脫持股或反手放空再說。

「通過行情變動獲利」，這是本書的方針，也是當日投機買賣的基本原則。

圖10 事先瞭解高價轉換點圖形的長相

圖片來源：XQ全球贏家

上漲後出現長上影線或長陰線，預示行情即將暴跌，別浪費時間找出發生什麼事，應該先賣再說！

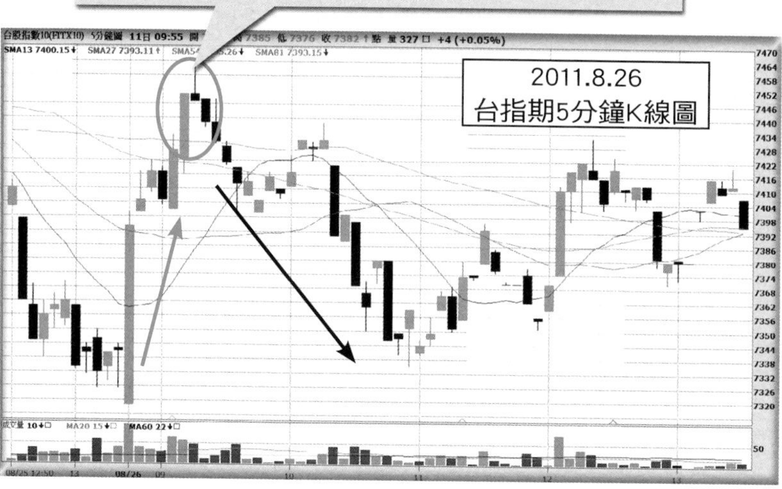
2011.8.26
台指期5分鐘K線圖

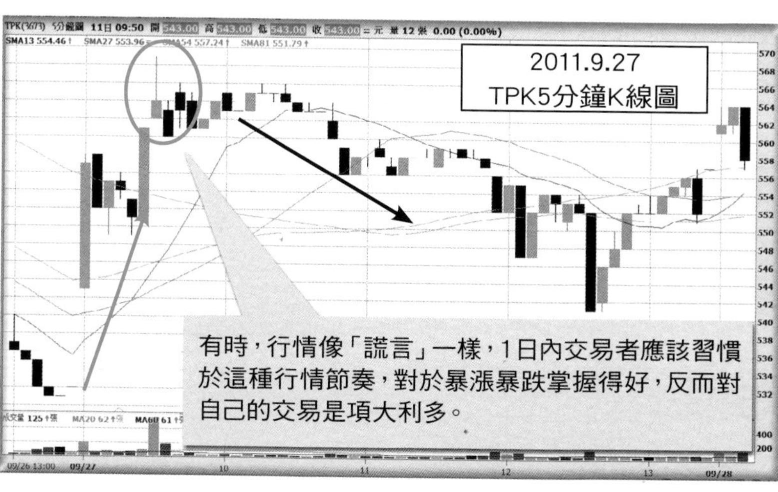
2011.9.27
TPK5分鐘K線圖
有時，行情像「謊言」一樣，1日內交易者應該習慣於這種行情節奏，對於暴漲暴跌掌握得好，反而對自己的交易是項大利多。

Part 6
最佳五檔與委買委賣

RSI
KD
MACD

01 「最佳五檔」是什麼？

「最佳五檔」記錄了股票(期貨)委託買入和委託賣出的價格及委託量。

投資人對個股的委託買進與委託賣出，就只有在最佳五檔的報價板上嗎？當然不是。除了這裡顯示的最佳5檔委買與委賣之外，還有其他的委託買賣單，只是沒有在行情板上揭露而已，也就是，這裡將隨著股價的波動以最靠近成交價的買、賣「最佳5檔」做揭露。

右圖是台積電(2330)在2011年10月11日接近收盤的最佳5檔，它的意義是「如果你想買進，買進價在70.00元，如果你想賣出，賣出價在69.90元就可以成交」。

報價板是根據股價的波動而變動，如果股價上漲了申報價也會提高。也就是說，買方將從最低價格的賣出申報價開始申購，等到最低價格的賣出掛單被消化完畢後，次低價的賣出掛單向上進一欄位。這樣的話，股票的賣出價就會逐漸升高。

例如，買進的人在把現在「委賣」的1450張台積電以他們想賣出的70.1元都買完之後，在報價板上就看不到這一列了，委賣的第一列將變成70.1元，如此，行情就提高了。反之，如果此時想賣出的人很多，把排在委買第一列，讓想以69.90元買進的486張股票都成交了，原本第二列的69.80元就會排在第一列，行情就下跌了。

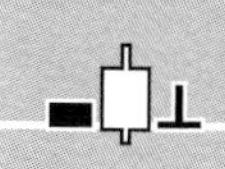

圖1：「最佳五檔」會反映哪些內容

圖片來源：台灣工銀證券

想買股票者的張數與價格在這裡排隊
想賣股票者的張數與價格在這裡排隊
台積電2011年10月11日
最佳五檔範例
五檔 分時明細 統計 新聞 情報 技術分析 診斷
委買
委賣
486 69.90 70.00 1,450
463 69.80 70.10 755
775 69.70 70.20 982
476 69.60 70.30 491
1,207 69.50 70.40 1,918
3,407
5,596
成交價
漲跌
漲跌幅
撮合量 105
最低價 69.60
跌停價 64.30
45,402
69.10
73.90
以69.90元賣出的話，可以成交。
以70.00元買進的話，可以成交。

POINT

此處的賣出量和買入量都是按指定價申報的股數，按市價申報的股數不包括在內。

02 也要小心欺騙性的掛單

最佳五檔即時顯示各個股價相對應想要買進和賣出的股票數量合計值。因此，一邊查看委託買賣的股票數量，一邊可以用來判斷行情「還要上漲吧」、「會下跌到什麼程度」之類的問題。

如果委託賣出的股票數量不斷增加，而委託買入的股票數量在減少，那麼，可以簡單的判斷股價就將出現下跌走勢；反之，如果委賣數量逐漸消失，股價也不斷的在創新高，那就表示股價正處在上漲過程中。

但是，必須要注意的是，最佳五檔有時會被有心人士掛著大量的委託賣出或委託買入（通常掛單會被掛在遠離成交價比較遠的地方，比方說掛在買４、買５或賣４、賣５），致使人們會以為「再也不會漲過這個水準了」或「再也不會跌過這個水準了」。但實際上，這是一種蓄意誤導的手段。

在股票市場上，的確不乏想盡各種辦法賺錢的人，即使用一些「欺騙」的方式也在所不惜。這是投資人一定要特別小心的事情。

圖3：別被公開的最佳五檔給騙了

10：15：20

委賣	某甲企業最佳5檔	委買
31	買5 68.2	
51	買4 68.1	
6	買3 68.0	
15	67.9	
20	67.8	
	67.7	2
	67.6	15
	67.5 賣3	35
	67.4 賣4	150
	67.3 賣5	33

看到這樣的報價表，會感覺行情在67.4元因為掛有大買單150張，看起來是有「支撐」的。

10：18：10

委賣	某甲企業最佳5檔	委買
16	68.0	
15	67.9	
22	67.8	
41	67.7	
26	67.6	
	67.5	15
	67.4	22
	67.3	39
	67.2	25
	67.1	8

3分鐘前67.4元有150張的買單，但3分鐘後並沒有成交買單只剩22張，遇到這種情況，可以合理的懷疑是有人故意誤導行情。

03 什麼是「指定價格」

進行交易時，在買賣下單的方法中有一種是採市價交易，有一種是指定價格交易。採取指定價格交易的掛單，會被揭露在行情板上，如果是離成交價最近的五檔，則會在行情板上看得到，採取指定價格交易的方式當成交時，本來在行情板上的單量就會因為成交而不見了。

對於採指定價格下單的人的來說，由於想買進，當然是希望以儘量低的價格買進，所以，總是希望能把買單掛在比較低的價格之處，希望能好運的以低一點的價格買進；相反的，由於想要賣出，當然是希望以儘量高的價格賣出，所以，總是希望能把賣單掛在比較高的價格之處，希望能好運的以高一點的價格賣掉。這也是從最佳五檔的買、賣單價格揭露中可以看出目前買進、賣出者動向的理由。但是，對於一日內交易來說，常常是需要及時迅速買賣，因此，把單子掛在離成交價太遠的價格就不太實際。可是，因為行情是波動的，有時一個很離譜的指定價格，也會因為價格劇烈震盪，很神奇的在很不可能成交的價格成交了。

但為了能順利成交，又不希望價格與自己的期望差太遠，所以，投資人應觀察股價的波動，儘量在買賣成交的可能性較高的價位下單，這就是穩定獲取收益的條件之一。

圖4：最佳五檔上的申報價是按指定價的買賣訂單

出現最多委託賣出單的價格是67.8元。

10：18：10

某甲企業最佳5檔

委賣		委買
62	68.0	
155	67.9	
650	67.8	
113	67.7	
182	67.6	
	67.5	62
	67.4	250
	67.3	156
	67.2	113
	67.1	179

出現最多委託買進單的價格是67.4元。

POINT

行情板上的申報價和買賣數量，由於只顯示按指定價下單，不包括按市價下單，因此，有時候，成交價會上下波動，但卻與最佳五檔無關。

04　什麼是「市價」？

下單方式當中，除了依照心意採「指定價格」下單之外，還有「市價下單」。市價下單指的是，不管現在行情如何，投資人願意依現在可以成交的價格買進或賣出。

這是使買賣成交最可靠的下單方式，也是投資人為了搶「成交」無論行情漲跌都想尋找買賣機會的人們交易時採用的方法，值得留意的是，按市價交易的比例一般說來，在買賣訂單當中佔有很大比例，而且，市價下單並不在最佳五檔上顯示。因此，它與最佳五檔的平衡無關。有時候，從最佳五檔的行情板上完全沒有掛委買的單很大或掛委賣的單很大之類的情況，但卻因為從市價而來大量賣出單出現而使行情瞬間下跌；也可能從市價而來大量的買進單使行情瞬間上漲。

由於市價交易資訊無法從最佳五檔上顯示，因此，投資人應該有一個認知，無論最佳五檔的平衡如何，當市價下單急劇增加，其結果就是股價發生了急劇變動。

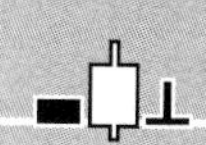

圖5：最佳五檔上沒有顯示的按市價下單

按市價單買進時，會先以67.6元成交。
若買進的人很多時投資人也可能會以67.7元成交，甚至若買進的人相當多也有可能買在更高的價錢。

10：18：10

某甲企業最佳5檔

委賣		委買
62	68.0	
155	67.9	
650	67.8	
113	67.7	
182	67.6	
	67.5	62
	67.4	250
	67.3	156
	67.2	113
	67.1	179

以67.5元掛委買的數量很少，只有62張，所以，若賣出的人很多時也可能會以67.4元成交，甚至若賣出的人相當多也有可能會賣在更低的價錢。

按市價單賣出時，會先以67.5元成交。

POINT

當投資人採取「市價下單」時，賣出時是按「跌停價」賣出，買進時是按「漲停價」買進。

05 「時間優先」的含義是什麼？

股票買賣成交的條件之一，就是針對同一股價的「委賣」和「委買」是按掛單時間的先後順序開始成交。而對於在同一價位幾乎同時發出的訂單，則採數量較多的先成交。

需要補充的是，在時間優先的原則下，按市價下單要優先於按指定價下單被成交。

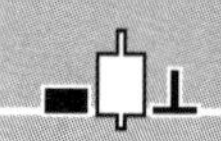

圖6：時間優先原則的結構

即使是掛同一股價委託，也是依委託時間順序成交。

10：18：10

某甲企業最佳5檔

委賣		委買
62	68.0	
155	67.9	
650	67.8	
113	67.7	
182	67.6	
	67.5	62
	67.4	250
	67.3	156
	67.2	113
	67.1	179

這個股價下的買賣的成交是依投資人發出訂單先後順序決定成交順序的。

POINT

在時間優先原則下，按市價下單要優先於按指定價下單被成交。

06　「股價優先」的含義是什麼？

行情成交有所謂「股價優先」的原則。它指的是，買入時，按報價當中最高的股價買入，賣出時按報價當中最低的股價賣出，這樣就能確保合約儘早成交。

比如，想賣右例的某甲股票時，掛委賣第一順位的67.6元成交的可能性最大。如果不想賣這麼便宜，比方說，你想賣排在第五順位的68元，那麼只有等排在前面的賣1、賣2、賣3、賣4全都成交了，才有可能。

反之，如果想更早地賣出，以本圖為例，掛在67.5元基本上就能夠成交。當然也有可能不成交，假如有人以市價單掛賣出，且市價單量大於目前委買張數，有可能你掛57.4元的指定價才賣得掉。

相對的，如果想買入的原則也是一樣的，這就是「股價優先」原則，電腦系統會不斷地將「賣」和「買」進行比較，使買賣交易成交。但是，股價並不是固定不變的，而是會上下波動，因此，需要邊看走勢圖邊對股價的方向性作出預測，然後發出訂單。

按指定價交易的人，是按照「股價達到某種水準後就可以買或者賣」的原則發出訂單的，但是，即使他們想進行更有利的交易，也未必一定能夠成交。

圖7：股價優先原則的結構

10：18：10

某甲企業最佳5檔		
委賣		委買
62	68.0	
155	67.9	
650	67.8	
113	67.7	
182	67.6	
	67.5	62
	67.4	250
	67.3	156
	67.2	113
	67.1	179

要想儘早買入，可參考此處的賣出量買入。

要想儘早賣出，可參考此處的買入量賣出。

POINT

如果想要更一早點成交，還是以市價單為佳。

07　觀察盤中委買委賣的增減

最佳五檔的基本讀法是，在委託買進和委託賣出數量的增減當中，買和賣哪一方增加了？哪一方減少了？

對於這些變動的解讀方法有：

1.這檔股票的委託買進增加，那麼價格也應該逐漸上漲吧！

2.這檔股票的委託賣出增加，那麼價格也應該逐漸下跌吧！

但是，即使你現在看到的是買進遠大於賣出，在下一瞬間也可能出現相反的走勢，所以，不應當判斷股價走勢是一成不變的。

買入股票的人不會一直是買入，而是在價格漲到一定程度後就會賣出以獲取利潤；同樣的，賣出股票的人也不會一直是賣出的，而是在價格下跌到一定程度後就會買進股票取得差價。

這種情況很類似於迷局(或說「賭局」)，誰也不知道委買與委賣者下一步會朝哪一個方向發展，並且，就像前面所說的，有很大一部份的交易者是採市價交易，完全無法從最佳五檔看出來的。

一般說來，在行情板上，如果委託買進出現了大量訂單，往往就會誤認為「這是股價即將上漲的信號」。

但是，實際上，即使這些買入掛單都成交了，股價也可能會下跌。反過來說，即使有大量的賣出掛單，也並不一定就意味著「賣出壓力」很大。

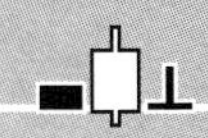

圖8：申報價的漲跌傾向

從最佳五檔觀察行情的動向。

10：18：10

某甲企業最佳5檔

委賣		委買
62	68.0	
155	67.9	
650	67.8	
113	67.7	
182	67.6	
	67.5	62
	67.4	250
	67.3	156
	67.2	113
	67.1	179

股價的運動方向是向上的

如果這個委賣的單量突然減少到只剩下3張、5張，可以認為是採市價下單的買入力量進入，把原有的182張賣出單「吃掉」，那麼，市場有可能開始出現追高的投資人，把67.6元的委賣單「吃完」之後，就換成67.7元的委賣單排在「賣1」的位置，股價的運動方向就向上升了。

POINT

最佳五檔反映了部份買方與賣方供需關係，通過觀察它可以瞭解股價的漲跌節奏。應當一邊看最佳五檔，一邊把握方向性，以便更好地交易。

08　委賣量增加很多時

從最佳五檔上看到，突然在委賣的地方出現大單量（尤其愈靠近成交價的委賣1的地方）時，股價下跌的可能性會增加。

委賣急劇增加的原因，可能是投資人觀察行情「可能要下跌了」，於是爭先恐後地賣出。尤其，超大量的委賣單掛在最容易成交的委賣1、委賣2位置時，必須要很警覺的看出行情可能很快就要下跌。

但是，只要市場基本面沒有急劇惡化（例如盤中有很嚴重的利空新聞），即使委賣單突然在很靠近成交價的地方大量的增加，也不一定會一直增加，若基本面良好的話，價格可能在下跌到一定程度時，就會有投資人覺得當前的價格已經「很便宜」，於是買入。

因此，對於當沖交易者而言，這時候反而可以準備「抄底」。

無論股價是向上行還是向下行，大部分股票的最佳五檔反映的行情都是時好時壞的，而且買賣的訂單不斷被消化，因此，瞭解這一點再進行交易是很重要的。

特別需要注意的是，當前一天美股大幅下跌時。台股的期貨與個股就常常是這種局面，也就是委賣單一開盤就大量的湧現。雖然可能一開盤行情就先下跌，但之後的行情往往不會繼續下跌，等到賣盤停止之後，行情反而有可能上漲。投資人可以根據這個基本原則，在一早看盤時特別留意。

圖9：委賣量增加很多時

不論是漲還是跌，股價達到一定價位時，一定會出現相反的走勢。一日內交易就要掌握這種變動節奏。

10：18：10

某甲企業最佳5檔		
委賣		委買
62	68.0	
155	67.9	
650	67.8	
113	67.7	
1000	67.6	
	67.5	62
	67.4	250
	67.3	156
	67.2	113
	67.1	179

委賣出現大量，這些委買的訂單將被逐漸消化，成交價就下跌了，但這時候反而可以觀察，在這種急速的跌勢之後，是否還出現繼續賣出的行情？還是在某個價位上出現大量的委買。

這個委賣的張數假設突然增加到上千張時，賣出壓力增強，股價一般會開始下跌。

POINT

股價的走勢，就像拉鋸戰一樣上下波動。通過觀察最佳五檔，掌握它變動的節奏，跟上股價的走勢。

09　委買量增加很多時

原本處於盤整行情，突然委買單量增加很多時，盤面可能會出現什麼結果呢？

以右圖為例，在「委賣」的張數上，較高價位的地方，掛委賣的單子顯然很少，也就是所謂的「賣壓小」，如果此時委買單量突然增加，通常情況下，認為「股價即將上漲」的投資人就會增多，跟風買入的也會增多，股價就會順勢上揚。

而且，如果較高價位上股票的委託賣出的單量很少，買方力量占了上風，股價可能很快就會上漲。

但是，等股價漲到一定程度後，可能很快就有投資人認為「到了這個高價位也必須要賣出了……」。投資人必須要知道，股價越堅挺，它所蘊含的風險也越大。

當然，股價主要還是受整個市場的氣氛強弱所左右。由於最佳五檔的平衡往往瞬間就會發生變化，因此，買入增多時，就應當迅速做出反應，並預測其價格上漲的上限，及時賣出獲利。

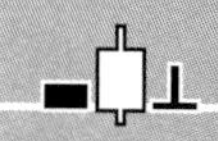

圖10：委買量增加很多時

10：18：10

委賣	某甲企業最佳5檔	委買
62	68.0	
21	67.9	
50	67.8	
113	67.7	
482 ✕	67.6	
	67.5	200
	67.4	650
	67.3	256
	67.2	113
	67.1	179

通常股價的方向會向上

很大的賣出量在賣1當這裡消失時，股價有可能繼續上漲。

如果委買張數增加很多，就表明市場追高傾向顯現。

POINT

一般來說，在靠近成交價的買1、賣1委託買賣單量是最大的，但是，大量委買單一旦訂單成交，股價馬上就會繼續上漲，可能會漲到出現下一個很大的委託賣出量時才停止上漲。

10　上漲後的整理階段

一開盤先是走高，但是，買進熱潮過後，行情開始停滯，沒有再繼續追高，而從報價板上看起來委託買入和委託賣出都很多，而且兩者的數量也差不多。

在這種情況下，股價將繼續上漲還是下跌？

在這種情況下，最好是觀察最佳五檔走勢是向哪個方向發展。

當最佳五檔上原本一直沒有什麼變化，卻突然出現了某種走勢，可能行情就會開始啟動。

股價的變動和買賣的成交量並不是一定的。特別是早上剛開盤與中午收盤前往往會出現較大的波動。因為這時候的股價受到參與交易者的資金流動影響最大。

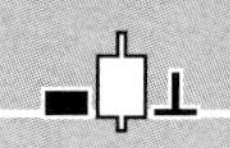

圖11：上漲後的整理階段

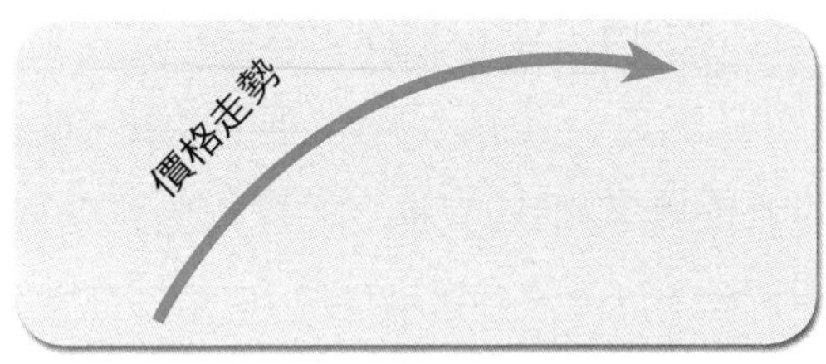
價格走勢

在上漲之後，委賣和委買看起來很均衡。

10：18：10

某甲企業最佳5檔

委賣		委買
62	68.0	
221	67.9	
150	67.8	
213	67.7	
282	67.6	
	67.5	285
	67.4	210
	67.3	156
	67.2	193
	67.1	79

POINT

在上漲之後的整理階段從最佳5檔來看買賣關係看起來很平衡。但可能會不知在何時出現偏向某一方。一旦出現某種傾向，就需要及時作出應對。

11　暴跌後的回升

一天當中，股價經常會發生劇烈的波動。遇到這種行情，在最佳五檔當中，賣和買的變化都很激烈。

股價下跌的「誘因」，是按「市價」進行的賣出的單量很大。為了滿足市價的大量賣單，最佳五檔上的買入量被快速的「吃掉」，行情就一直很下掉，但是，遇到這種情況，只要不是極嚴重的利空，行情總不會完全沒有任何支撐的下跌。只要下跌到一定程度，就會有人覺得價格便宜而開始買入，此時委買就會增加，行情也開始回升。

如果最佳五檔出現了這種情況，在股價止跌的那一刻，「價格便宜了，買進者重新出手」的想法就會發揮作用，因此，買入量也會急劇增加，排在報價板上委買第1順位的最高價數量就會逐漸增加。

買氣會吸引買氣，當價格在急跌之後不再繼續下跌，買盤逐漸進場後，認為這時應該會出現反彈行情的「先行者」很可能會以市價買進的方式搶反彈，如此，委賣單的賣1、賣2就會被逐漸消化，股價也逐漸升高。

圖12：暴跌後的最佳五檔變成了這個樣子

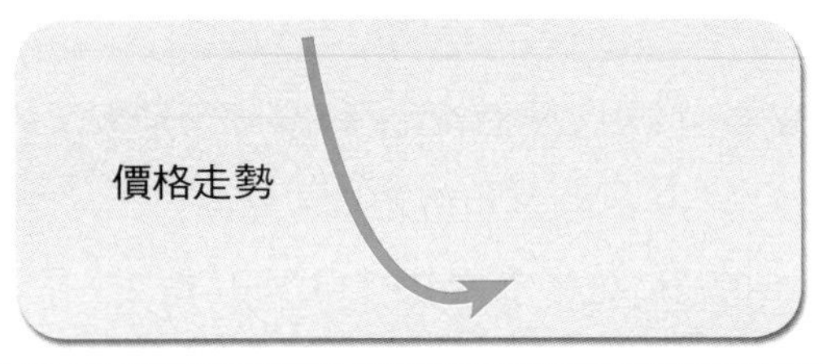
價格走勢

最佳五檔不是一成不變的，而是不斷地增增減減。

10：18：10

委賣	某甲企業最佳5檔	委買
62	68.0	
81	67.9	
111	67.8	
60	67.7	
282	67.6	
	67.5	325
	67.4	110
	67.3	126
	67.2	60
	67.1	79

暴跌後想抄底的買入開始增加。

股價上升時賣出量也很大。

POINT

暴跌後的行情，若開始要出現止跌，可能委賣的量仍大，但委買的量也已經開始增加了。

12　注意多空較量的平衡變化

股價進入穩定狀態，並且報價板的最佳五檔也維持著大體相同的股價，但當最佳五檔出現傾向於有利於買入的方向時，委賣的數量會逐漸減少。如果股價繼續上漲，那麼行情板上的委賣單就會一筆一筆的被「吃掉」，股價也就繼續上漲。

如果行情漲幅非常激烈，顯然是有利於買入，市場追高的傾向也會越來越明顯。

但是，當委賣的掛單已經被消化了，但在同一個價位上又再次出現委賣單時，行情就變得無法上漲而維持著穩定的狀態。如果這種穩定的狀態長期持續，等得不耐煩的投資人就會繼續賣出，這時股價就有可能下跌。

這裡想表達的是，一天內行情的漲跌就是一種賭博，可以因著某些「徵兆」的出現而判斷下一步行情，不過，最好的情況還是不要有先入為主的觀念，應該隨時保持「現在行情與之前的研究走勢不同，是很正常」的開放心態。一面看K線，一面關注價格板上的多空平衡，以找出行情最可能的動向。

另外，同產業的個股會出現「連動」，這是基本常識，在觀察某檔個股時，若發現其最佳五檔在多空平衡中已劇烈地朝向某一方向波動，但是，其他同行業的其他公司行情還沒有啟動，那麼，應該可以判斷，其他同業應該不久就會出現相似的走勢。

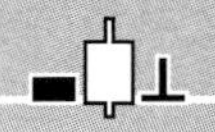

圖13：多空較量後即將發生的變化

屬於相同行業的有那些？也應該要一同觀察。

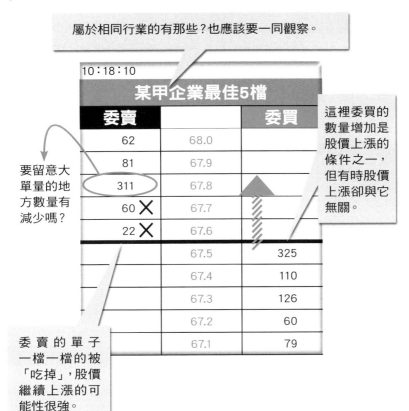

10：18：10

某甲企業最佳5檔

委賣		委買
62	68.0	
81	67.9	
311	67.8	
60 ✕	67.7	
22 ✕	67.6	
	67.5	325
	67.4	110
	67.3	126
	67.2	60
	67.1	79

要留意大單量的地方數量有減少嗎？

這裡委買的數量增加是股價上漲的條件之一，但有時股價上漲卻與它無關。

委賣的單子一檔一檔的被「吃掉」，股價繼續上漲的可能性很強。

POINT

同一行業的股票其股價容易出現同一種傾向。要想及早把握股價的傾向，電腦上應同時顯示同業其他公司價格波動的即時資訊，逮到先啟動行情的個股，來不及交易了的話，就把目標放在其他比較慢啟動行情的個股。

13　與申報量無關而上漲時

看最佳五檔資訊，許多時候對行情的掌握完全沒有任何助益。比方說，新興市場的股票交易量很少，本來就無法從委買委賣量看出方向性。而且常常是，在沒有什麼成交量的情況下一口氣行情就直接沖到了漲停板。

為什麼會出現這種情形呢？

這是由於出現了利多消息。比如，營收突然很好啦、這個月終於由赤字轉獲利啦、接到大的訂單啦等等(事實上，利空消息一樣會把新興市場的小型股價格一口氣壓到跌停板)特別是，小型股或新上市的股票數量在外流通很少，所以，即使只有少量的買入，價格也會迅速上漲。

有人會捕捉到這種價格變化而買入，也有投資人會蓄意哄抬股價使其沖到漲停板的位置以便誘使其他人買入。

問題在於這種狀態究竟能夠持續多久呢？情況糟糕時，在價格衝到漲停板的隔日，就可能會跌到跌停板。也就是說，對付這種股票，看行情板交易不容易穩當獲利而且很容易損失，通常那一類型的股票只有蓄意操控市場的主力比較容易賺到錢，一般散戶若一定要操作那種股票，在最佳五檔顯示了有追漲停板的傾向時，投資人也可以跟進，但必需等到獲利了結的人把股票賣出後，趁價格下跌時算好時機買進，且等漲到漲停板時快速賣出，這是一種還不錯的交易戰略。這種新興市場的小型股票，一旦出現某種趨勢，就會連漲幾日。

圖14：與申報量無關而上漲時

新興市場的小型股票

10：18：10

某甲企業最佳5檔		
委賣		委買
2	68.0	
11	67.9	
11	67.8	
30	67.7	
12	67.6	
	67.5	5
	67.4	10
	67.3	6
	67.2	2
	67.1	1

有時，股價的突然上漲，是由於按市價進行的買入引起的，而與最佳五檔無關，因此買入量不能作為參考。

POINT

小型股票的走勢波動很快，最佳五檔的變化也很大，其特點是，經常暴漲和暴跌，如果不採用按市價下單的交易方式，就很難參與交易。

14　開盤前委買委賣資料很重要

台股早上9：00開盤，台指期在8：45開盤，但在開盤前，就可以事先透過看盤軟體看到委買委賣的情況。

開盤前委買委賣很重要嗎？

從經驗值來看，盤前的委買委賣情況對1日內交易者而言，它的重要性不輸給盤中波動，因為透過盤前委買委賣的「量」可以依此推測當天走勢的「勢頭」，投資人多觀察也可以發現，盤前委買委賣的量可能會跟前一天美股的走勢不同，也許前一個交易日美股走勢大漲，但台股期指盤前委賣卻大過委買很多，若是這種情形的話，當天即使台指期會上漲也常常上漲有限，甚至也有可能完全不上漲而是下跌。但是，也要注意，盤前的委買委賣單也有可能本來一面倒委賣大於委買很多(相反情況也一樣)，但開盤後這些委託單在開盤前又被取消了，所以，本來預期行情會大大開高(或大大開低)的，結果卻是以「沒有變化」的狀態開盤，這種情況也很多。

總而言之開盤前的委買與委賣量，是對前日收盤以後出現的利多、利空消息的反應，因此，對進行當沖交易的人一定不能忽略。

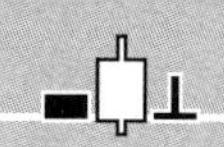

圖2：根據開盤前的委買委賣瞭解行情的強弱

圖片來源：XQ全球贏家

台指期2011.10.12盤前委買委賣資訊(早上8：43)

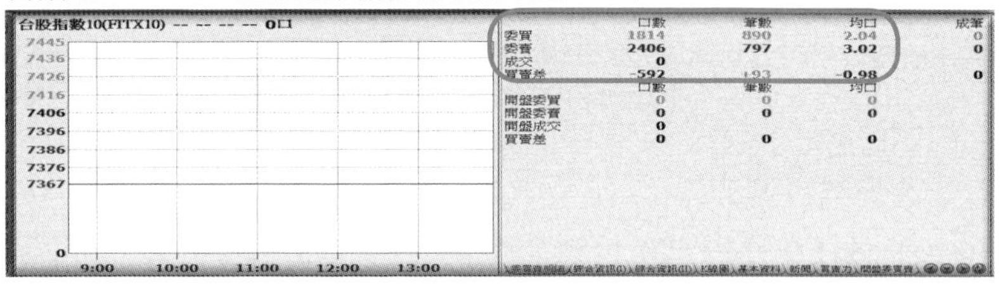
台股指數10(FITX10) -- -- -- -- 0口
口數 筆數 均口 成筆
委買 1814 890 2.04 0
委賣 2406 797 3.02 0
成交 0
買賣差 -592 +93 -0.98 0
開盤委買 0 0 0
開盤委賣 0 0 0
開盤成交 0
買賣差 0 0 0

台指期2011.10.12盤前委買委賣資訊(早上8：44)

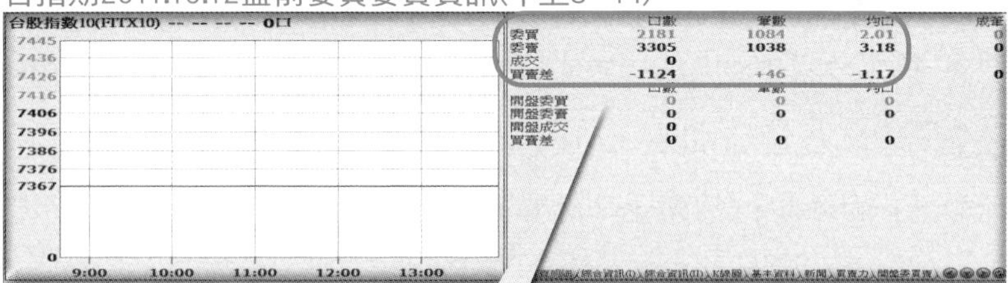
台股指數10(FITX10) -- -- -- -- 0口
口數 筆數 均口 成筆
委買 2181 1084 2.01 0
委賣 3305 1038 3.18 0
成交 0
買賣差 -1124 +46 -1.17 0
開盤委買 0 0 0
開盤委賣 0 0 0
開盤成交 0
買賣差 0 0 0

開盤前的委買、委賣量看起來是委賣大於委買。
雖然前一天(2011.10.11)台指期很強的上漲了214點，但從今天(2011.10.12)開盤前的委買、委賣量來看，可以推估行情應該很難持續前一天的強勢。

台指期2011.10.12盤前委買委賣資訊(早上8：45)

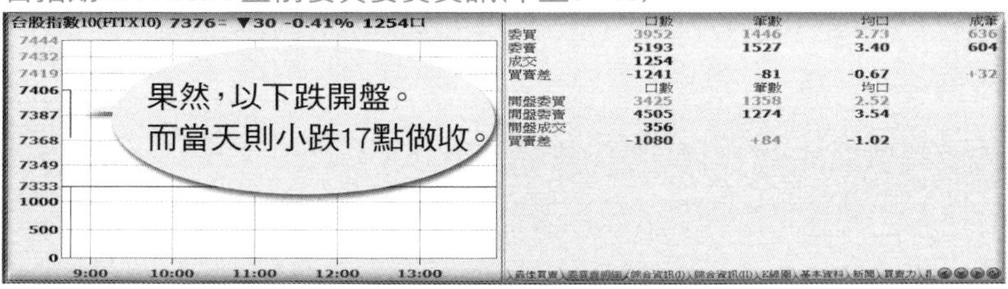
台股指數10(FITX10) 7376= ▼30 -0.41% 1254口
口數 筆數 均口 成筆
委買 3952 1446 2.73 636
委賣 5193 1527 3.40 604
成交 1254
買賣差 -1241 -81 -0.67 +32
開盤委買 3425 1358 2.52
開盤委賣 4505 1274 3.54
開盤成交 356
買賣差 -1080 +84 -1.02
果然，以下跌開盤。
而當天則小跌17點做收。

POINT

盤前的委買委賣量是很重要的資訊，雖然不排除投資人開盤前就取消委買或委賣，但搭配當天的行情氣氛，卻是很可靠的一項指標。

15 盤前與盤中的委買委賣

一般的情形前一個交易日美盤漲了，盤前的委買通常大於委賣，開盤也會開高，不過，也有很多時候並非如此在，一些特別的情況下，前一天的美盤很好，但盤前的委買卻遠低於委賣，可是行情仍舊開高。

如果是這種情況，在開盤後，委買仍低於委賣，行情還是繼續在上漲(或不怎麼跌)時，投資人應該把「委買仍低於委賣」這件事放在心上，因為大於委買的委賣單子何時會「衝」出來把行情殺下去都不應該感到意外。至於委買單量與委賣單量之間的差距如何才有「殺傷力」呢？投資人可以先練習在即時盤看個幾天，自行做記錄，一面觀察行情變化一面看委買、委賣變化的情況，一段時間之後，「盤感」就會出來了。

值得一提的是，期貨的委買委賣口數跟股票的平均張數看法很像。例如，你9：20，記錄委買均張是7，委賣均張是4(7：4)；在10：20時記錄委買均張是7，委賣均張是5(7：5)；在11：20時記錄委買均張是7，委賣均張是6(7：6)，雖然後一小時跟前一個小時都是均張增加1，但這除了代表大筆的賣單在增加之外，也意味著第二小時的委賣強度比第一小時增加的強度更強。

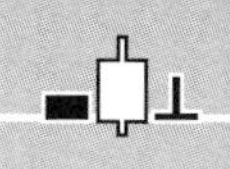

關注開盤前委買委賣的變化

圖片來源：台灣工銀證券

圖15-1：前一個交易日美股、歐股，以及比台股早開盤的日盤、韓盤都是觀察重點，另外，台幣的升、貶也會影響。

自選報價 | 庫存股 | 個股主題 | 個股排行 | 類股行情 | 期貨近月 | 期貨報價 | 選擇權報價 | 選擇權跨月 | 國際股匯市 | 與櫃行情

名稱	昨收價	成交價	漲跌	漲跌幅	名稱	買價	賣價
道瓊工業	11,478.10	11,644.40	▲ 166.30	1.45%	歐元兌美元	1.3858	1.3860
NASDAQ	2,620.24	2,667.85	▲ 47.61	1.82%	美元兌港幣	7.7775	7.7778
S&P500	1,203.66	1,224.58	▲ 20.92	1.74%	美元兌台幣	30.275	30.300
費城半導體	376.60	380.86	▲ 4.26	1.13%	美元兌瑞朗	0.8929	0.8934
倫敦金融時報	5,403.38	5,466.36	▲ 62.98	1.17%	英鎊兌美元	1.5798	1.5800
恆生指數	18,502.00	0.00			美元兌日圓	77.26	77.30
日經指數	8,748.00	8,878.00	▲ 130.00	1.49%			
南韓綜合	1,835.40	1,852.46	▲ 17.06	0.93%			
海峽指數	2,744.17	2,744.17	0.00	0.00%			
摩根指數	260.95	260.95	0.00	0.00%			

圖15-2：早上8點40分，台指期的委託買單與賣單就會先看得到。以2011年10月17日的盤前來看，有點出乎意料，因為國際行情很好，美、歐均大漲漲，但以8點42分的委託買賣單來看卻是賣壓很重。

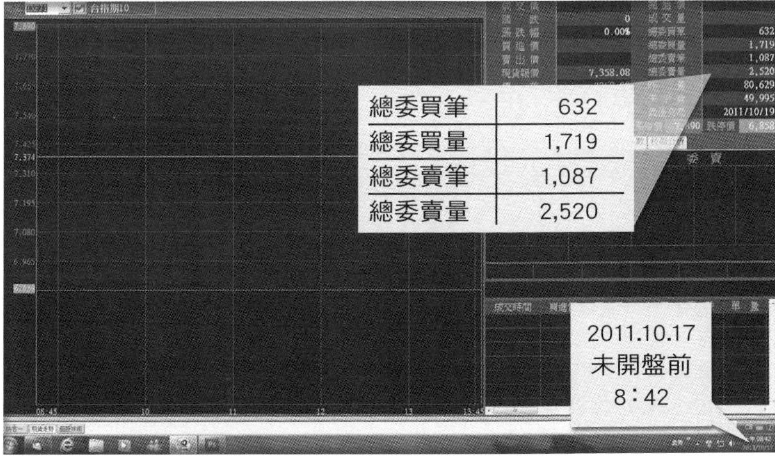
總委買筆 632
總委買量 1,719
總委賣筆 1,087
總委賣量 2,520
2011.10.17
未開盤前
8：42

圖15-3：8點43分，台指期盤前的委賣單量大於委買單量有將近1500張，以過去的經驗來看，這樣的差距曾經有一開盤就先跌上百點的經驗，可是從國際行情來看，似乎應該會開高……像這樣看不懂行情時，最好的辦法是空手等待。

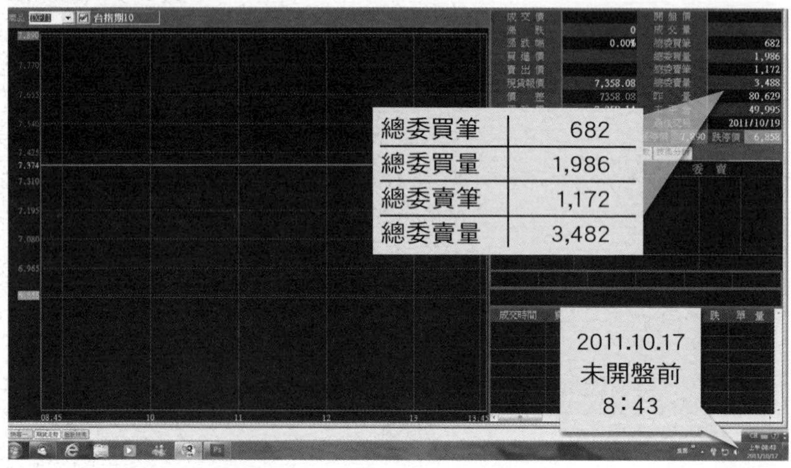
總委買筆 682
總委買量 1,986
總委賣筆 1,172
總委賣量 3,482
2011.10.17
未開盤前
8：43

圖15-4：8點45分，台指期開盤漲了96點。委賣比委買多了2860張！就這個數字來看，可以判斷行情向上有壓力。

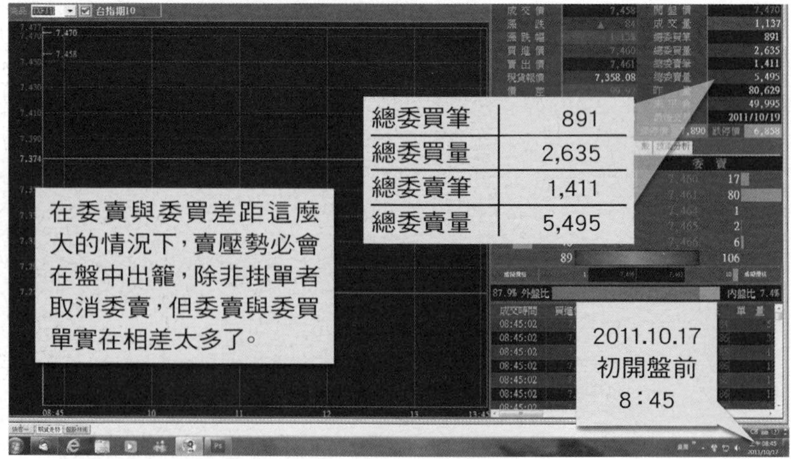
總委買筆 891
總委買量 2,635
總委賣筆 1,411
總委賣量 5,495
在委賣與委買差距這麼大的情況下，賣壓勢必會在盤中出籠，除非掛單者取消委賣，但委賣與委買單實在相差太多了。
2011.10.17
初開盤前
8：45

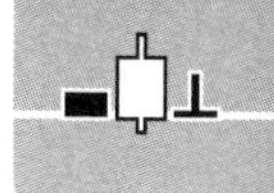

圖15-5：9點03分，果然沒錯，賣壓出來了，但這看起來到這裡還沒有把壓完全消化掉，可以感覺應該還會有一波下殺的力道。

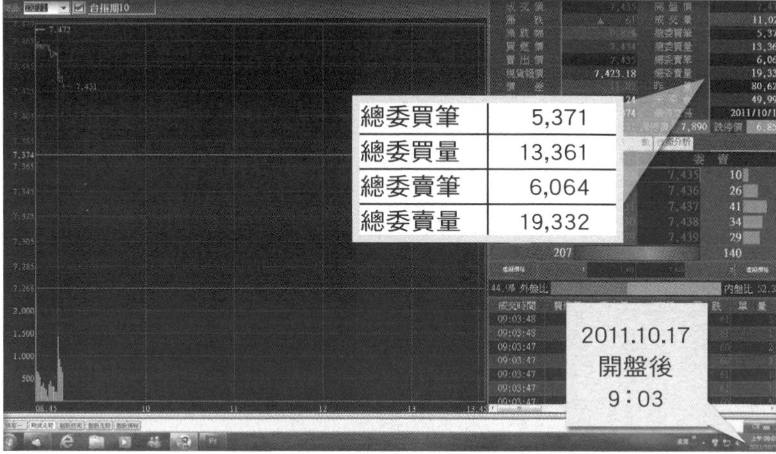
總委買筆 5,371
總委買量 13,361
總委賣筆 6,064
總委賣量 19,332
2011.10.17
開盤後
9：03

圖15-6：9點14分，跌到這裡一點也不讓人意外，委買與委賣的差距有收斂傾向，但在這裡還是覺得買盤不積極。

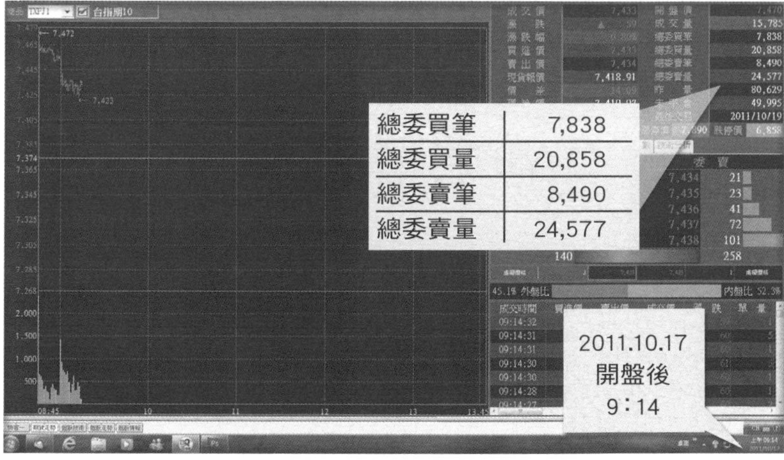
總委買筆 7,838
總委買量 20,858
總委賣筆 8,490
總委賣量 24,577
2011.10.17
開盤後
9：14

Part 7

勝者專訪達子：我就是要獲利

期貨勝者專訪

受訪人：達子

期貨交易資歷：

2007年起至今(2011年10月)

投資經歷中最驕傲的事：

花1年時間從0重新學習

賠過最痛的經歷：

一星期賠了400萬(其中300萬是以前賺來的，100萬是借來的)

賺過最美的經歷：

連續10個交易日，每天都賺進同樣金額的錢(這表示我的交易十分規律)。

本次受訪的主題：

如何從「初學者」升級到「交易者」

01 還在當初學者，我的想法是……

一開始，因為我還在上班，有點儲蓄就很喜歡買股票，不過，我從不知道原來買股票還有「書」可以讀，只是回家就看看電視，聽電視的名嘴說什麼股票好，我自己看了覺得好，就買一點。

為什麼會轉變成做期貨、做當沖交易呢？

最主要是原先的工作結束了，一時也找不到比較滿意的事，所以，就想試試如果一整天都做期貨或股票會如何呢？若可以有穩定的獲利，把交易事業當成職業也未嚐不可。我計算了一下，因為資金不多，為了有效運用資金，投入期貨操作是比較合於我的需求的，所以，我就很保守的只拿存款裡的5萬元當本金開始投資。可能是新手的好運吧，一開始幾乎每天都可以賺2、3千元，所以又把本金增加到50萬元希望能夠賺更多。

50萬，是我工作幾年下來的所有儲蓄，為了「放手一搏」當初還是把定存解約來做期貨的。

雖然一開始已經聽人家說期貨是高風險、高報酬的行當，但真的實際操作時並沒有考慮到風險性，或者說，一開始的時候我操作得很順手，有點信心滿滿，知道有風險，可是認為「問題不大」。

當時參考的指標是5分鐘K線，但是並沒有仔細做分析，只是單純從畫面上看到的高低價作交易。比起1小時線跟日線，我認為5分鐘線可以看得比較細，同時又不會像1分鐘線那樣波動劇烈。

以5分鐘線操作，我覺得一開始效果都很好，只要趁低價時買進，等到高檔覺得有賺的時候就賣出，萬一一開始的走勢不如預期，只要忍耐一下行情就會再漲回來，當時，我有點懷疑，為什麼有人會那麼笨，做期貨做到傾家蕩產。

的確，一開始做期貨時曾經很瞧不起那些在期貨市場裡「輸錢」的人，因為我覺得那一定是他們EQ很不好，亂做才會那樣。

另外，我在早期還有一個自認為很好用的「武器」，那就是利用即時新聞看消息，若行情剛好處在一個相對的低點，突然一個利多消息進來，期貨很可能就會突然大拉好幾十點，有一次，我就樣在不到十分鐘內賺了10幾萬。事實上，我的期貨事業在最初的三個月賺進了將近本金的兩倍，也就是本來50萬元的保證金，最高記錄保證金變成將近150萬。

但2008年次貸風暴讓我的錢包括本金全部賠光。

在我的操作經驗上，行情下跌時，只要「忍耐」一下，不要急躁的停損，行情是會再度上漲的，可是，原本以為下跌後應該馬上上漲的市場報價，次貸風暴後卻再也沒有漲回來。

期貨失敗的兩個原因：

期貨失敗的原因之1	期貨失敗的原因之2
沒有 考慮風險 就用高槓桿操作	**沒有 詳細分析 幾乎靠感覺操作**
期貨原本就是高風險、 高回收的投資商品， 但未多做考慮就進行交易	不知道分析的方法， 只參考短期間的高低價， 幾乎都靠感覺去操作

在那段等待行情「回來」的時間，一開始我堅信，只要像以前一樣，行情等一下就會漲回來，因此沒有做停損，所以，未實現損失就不斷擴大，但又遇到市場報價無止境的下跌，不出多久，部位就被強制斷頭了。即使一百多萬被強制斷頭我仍相信行情沒有道理繼續下跌，於是又投入數十萬資金持續買進。但是不管買進幾次都馬上又再下跌，然後被強制斷頭，幾天內就賠光了我所能動用的每一塊錢。在那一次經驗中，我才第一次感覺到期貨操作的危險性。

不斷遭到斷頭並且已經動用了我可以使用的每一塊錢，那時我整個人的精神上、身體上都受到重重的打擊，不得不暫時退出期貨市場。

你知道期貨初學者的想法與投資方法嗎？

期貨初學者的想法 ✖

追求以小搏大

只想做本金愈小能獲利愈大的生意，就極力的去追求那種高槓桿的交易方式。

運用高槓桿應該可以獲得較多利益。

期貨初學者的做法 ✖

看5分鐘K線低買高賣

以看得到的範圍內的高低價為基準，接近低價就買，接近高價就賣。

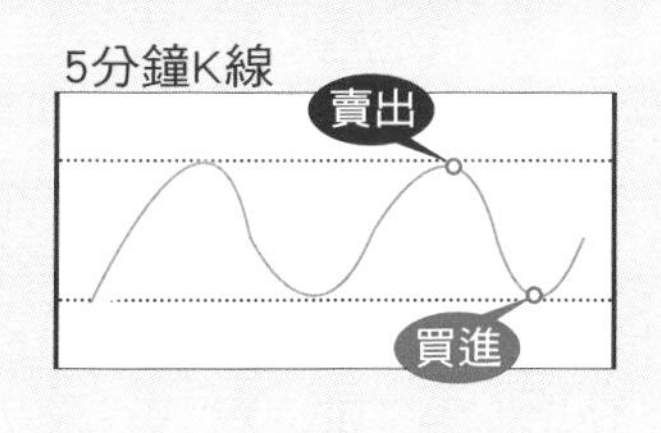
5分鐘K線
賣出
買進

02　為了脫離初學者我的學習方法

在主客觀條件都讓我不得不退出期貨市場後，經過一段時間，我又重新回到市場。離開市場又重回市場的那段心路歷程就不多說了，只能說，我在那個時候很清楚知道一件事，就是做期貨的第一課，應該學習「怎麼樣不破產」。而就技術面與操作面來看，我分析之前失敗的原因，是因為我沒有對市場走勢做分析，同時，只依照新聞或指標交易，那無異於賭博式的操作，遲早－－只是時間快慢的不同，但總會走向破產的。

在有了這一層體悟後，我決定要好好的做分析並且有根據的操作。也從那時候起，我才開始認真的學習關於股票、期貨的相關知識。第一步就是切實的分析圖表並且把學習方向放在希望能從股價圖中找到規律性及規則。雖然我的重心放在股價圖上，但我不再囫圇吞棗的只是聽電視、看報紙吸收那些片片段段的資訊，我開始狠下心來，把有關股票的所有知識努力的由書本上認真的學習，心態上我實在覺得過去的我太輕浮了，以為我只要聽聽新聞、看看股價圖就能賺進大把鈔票，事實上，光要搞懂一條財經新聞的背後意義，就得深下功夫，絕不是片面上那麼簡單的，而早期被我「矇」到的行情，那不過就是剛好碰巧而已。

同時間我也開始參考網路、部落格，了解其他人的操作手法，並且發現有許多人使用移動平均線，透過移動平均線可以很容易發現買賣的訊號。於是我開始想要嘗試這樣的方法。另外，我也用虛擬帳戶試著增加自己的功力，但是，也許我這個人的個性使然吧，我發現沒有真實的自己的錢在裡面，容易流於隨便的操作，因此，

老實說，也許對別人來講先利用虛擬帳戶練功是不錯的選擇，可是對我來說，我好像完全無效。所以，單做虛擬交易我只做了很小一段時間，就改用一面做虛擬交易一面做一口小台，這樣對我來說，比較能達到既訓練自己，又有實際操盤的效果。

那段重新練功的時間我花了將近一年，一面，我練習尋找行情變動的規則性，另一方面，我則持續用移動平均線，漸漸的，我找到了一些關於移動平均線與市場報價的規則性。例如我發現價格在突破25MA或75MA時，其方向的趨勢會變強，另外，以5MA做為進場基準，勝率也會提高。

我花了1年的時間，用自己的方式研究、檢討，並且等到驗證沒問題之後才正式再度進場。有許多人在還沒有確立自己的交易方法之前就開始大肆操作，這很容易導致失敗，我很想以過來人的身份說，新手千萬別跟錢過不去，與其要先跌倒再從失敗中學習，不如一開始先從虛擬交易和偶而正式交易的一口小台指開始，這樣就可以免去拿著真金白銀當學費了。

為了擺脫「初學者」我採取的學習方向之一

認真的
學習股價圖知識
找出價格趨勢
與法則
當股價圖變成什麼形狀時，我進出最有利？

03　我的失敗檢討……

再次操作期貨的時候，我以上一次所歷經的大虧損經驗訂立了操作守則。上次大虧損最大的原因就是抱著帳面的損失不放。這種做法只要價格變動劇烈，就會馬上被強制斷頭出場。為了避免舊事重演，我決定只要出現帳面損失就立刻進行停損。

而另一方面，由於帳面利潤很可能會再繼續出現利潤，所以，我努力的將產生利潤的部位盡量不立刻賣出，如此一來就可以達到損失小利潤大的目標。

我的理想是希望只用勝率3成左右來達到這樣的目標。

事實上，我只要跟任何一位做期貨的朋友或網友說到「勝率3成」大家都想嘲笑我，若我現在在你們的面前，我也願意再次重申「勝率3成」這一件事，我也知道，你們一定無法理解這麼低的勝率何以獲利，但我的經驗、練習與試算都告訴我，任何的看盤方法與交易方式都不可能有百分之百勝率這一件事，而投資人你應該儘量讓你的交易方法與做法可以在即使勝率只有3成仍可以獲利，這樣才能合格。

再者，我分析之前大虧損的另一個原因是倉位持有時間太長。

我一開始操作期貨時，經常持有2-3天，有時還會更久。持倉久的缺點是無法緊急應對相關新聞所造成的虧損，連帶也使得帳面損失擴大。所以我認為為了減少損失，有必要在最短的時間內完成交易。尤其不能在看不出趨勢的時候還勉強持有倉位，這種做法很容易造成雙重損失。

期貨這種高槓桿交易的的商品，在類似金融風暴或像歐債事件時，只要一不注意，瞬間就可能大起大落，如果此時持有的倉位與變動的方向相反，就會發生極大的損失，因此必須時刻注意。原則上，我只要眼睛離開股價圖，就一定先就將手中的倉位清掉，等回到電腦後再重新建倉。

為了擺脫「初學者」我採取的學習方向之二

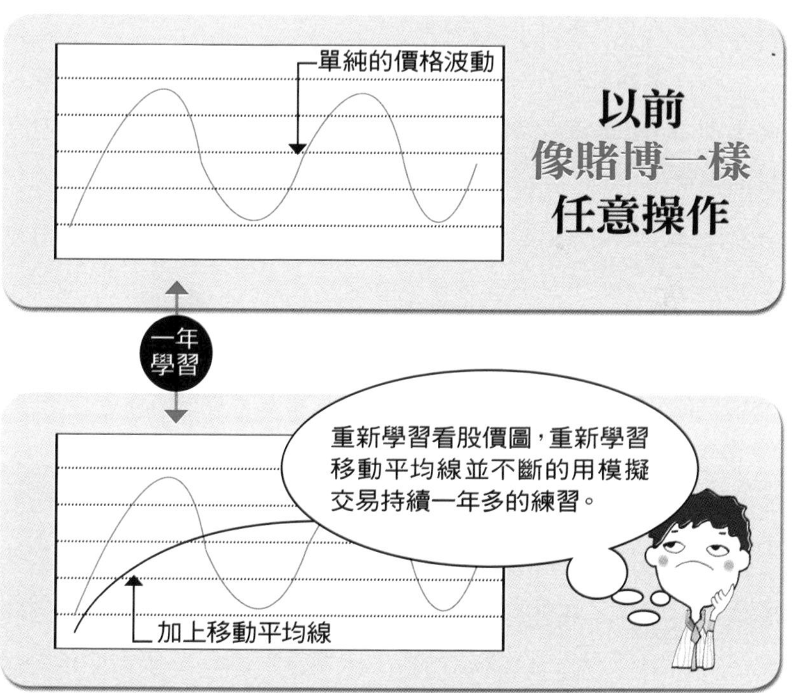
單純的價格波動
以前
像賭博一樣
任意操作
一年
學習
重新學習看股價圖，重新學習
移動平均線並不斷的用模擬
交易持續一年多的練習。
加上移動平均線

04　該用多少資金操作呢……

在期貨交易中失敗，除了自己之外，沒有人應該負責。但經歷過一次大失敗之後，我覺得當年我的營業員告訴我「保證金愈多愈好」這件事，實在是不正確的，更嚴格一點說，我認為他也應該對我的「慘敗」負一點責任。

事實上，我曾經認為營業員的講法是對的，比方說，大台指一口保證金需要6萬4，若你能匯入三倍，也就是大約20萬的錢，萬一行情「暫時看錯」也不會立刻被斷頭出場。所以，營業員建議保證金要匯入愈多愈好。

用大筆資金操作相同的交易單比起小額資金的確比較不會被強制斷頭。但是資金多的話，在心裡上就會比較容易放鬆，並且在帳面損失發生時，很容易讓損失的部位擺著而沒有做停損，直到被強制斷頭才出場。相對來說，用小額的資金只要稍微失敗，就會被強制斷頭，這樣的緊張感其實是會提醒人較小心做分析的，並且，投資人也會很自覺的因為自己的保證金很少，總會在慎重的判斷之後才進場。萬一進場後做錯了，也會切實的執行停損，否則被斷頭的危險性很高。

以減少風險這點來看的話，也許會感覺應該要用比較多的資金來操作才對。但是萬一失敗的話，從損失金額這方面來看，用比較少的資金開始操作，打擊也會比較小。而我的立場是認為，用比較少的資金進場目的也在鍛鍊自己的精神。因為要確實的依照自己的方法適時的停損、進場，需要很強的精神力。

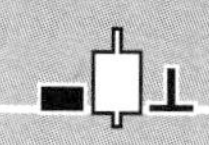

期貨致勝一定要改變的兩個想法

期貨獲利應改變想法之1

隨時注意
損小利大

以前大虧損時，
不管帳面損失擴大到何種程度都持續持有倉位。
現在為了不產生大虧損，
對帳面損失會馬上做停損。

期貨獲利應改變想法之2

縮短
持倉時間

持倉時間越長，
就沒辦法對緊急的新聞做出反應，
所以要儘可能做短期交易。

有關資金管理

減少投資資金較佳！

資金
少的時候……

只要失誤就會被強制斷頭，
所以要很小心操作（仔細研究後才開始操作，也可以迅速做停損。）

資金
多的時候……

反正資金很多，
大概操作就好了（因為存有僥倖心理，帳面損失很可能不知不覺就增加了。）

05　脫離初學者後的投資手法

我重新開始正式回到期貨市場，是用K線，同時配合移動平均線的動態來操作。目前我也一直用這個方法。這個操作方式目的在掌握短期市場的動態，並作出立即的反應，因此不需要基本分析去看長期的動態。為了掌握1天的變化，我通常會利用30分鐘K線與1小時K線先畫出趨勢線以找出大概的動向。

至於移動平均線，我會用到5MA、25MA、75MA、200MA這4根線，但是就實際操作時，事實上我使用的只有前面三條，也就是5MA、25MA、75MA。至於200MA，我使用的目的只在做為確認大方向的壓力線、支撐線。

▶ 分鐘線

跟許多投資人一樣，我也是從K線圖來捉買、賣訊號。所使用的圖表是5分鐘K線。我曾經試著看過很多不同線圖，以我採當沖的交易節奏而言，自己的一個心得就是，比5分鐘線短的話經常會誤判，但是比5分鐘線長的話期間又太長。

根據K線得到的買賣信號有兩個：

第一：是由K線看，在發生強烈的趨勢時，之後產生十字線的點，我覺得那個「點」很重要。

第二：當從K線圖看，市場正處在混戰中，但卻在混戰中連續出現陰線或陽線的點，這個「點」我也覺得很重要。

所謂「十字線」就是開盤價與收盤價相同，實體部分變成線條。意味著上升與下跌的力道互相抗衡。舉例來說，強烈上升趨勢時陽線一點一點變短，連續出現的途中出現十字線的話，之後如果

出現陰線就是賣出信號。這邊要特別注意的是，我指的是在那種情況下十字線出現後，接著陰線出現，這是第一個「賣出」信號。

在這裡陽線一點一點變短也是個重點。當強烈上升趨勢中陽線一直變短，行情一直向上推移之後，當出現上升力量變弱，那就表示下跌力量在增強中。這個時候如果出現十字線，之後又出現陰線的話可以判斷為下跌力量變強是個進場時機。

強烈趨勢下的買、賣訊號

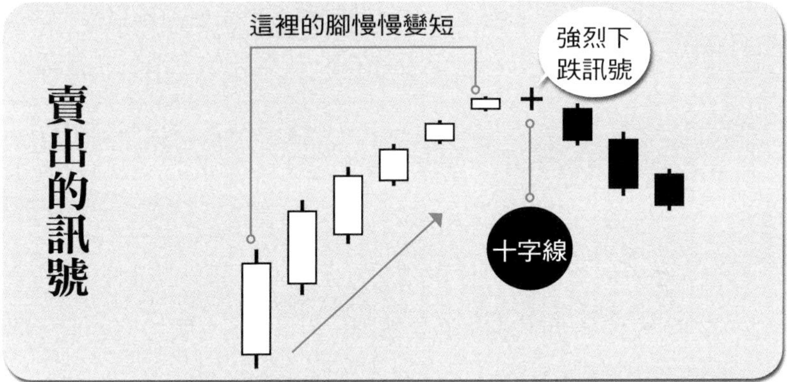
賣出的訊號
這裡的腳慢慢變短
強烈下跌訊號
十字線

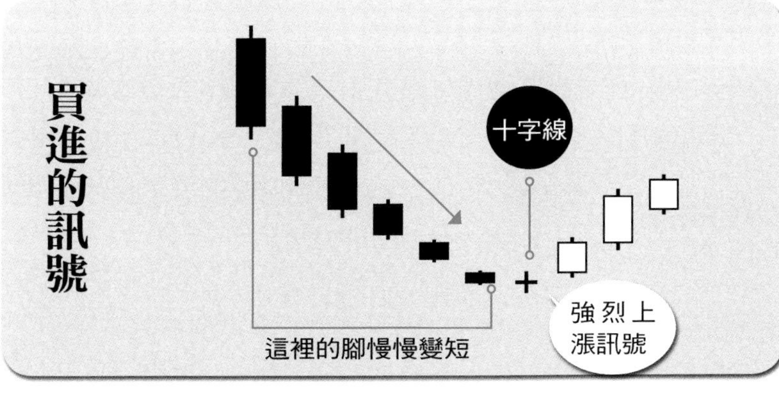
買進的訊號
十字線
強烈上漲訊號
這裡的腳慢慢變短

相對的，當強烈下降趨勢中，陰線逐漸變短並連續出現，這時，只要看到十字線且之後再出現陽線，就是個買進信號。

再來談另一個訊號，我個人覺得是行情處在市場混戰時有效的買賣信號。也就是當陰線跟陽線交互出現，看不出趨勢市場陷入多空混戰時，若連續出現2根陰線的話就是賣出訊號。賣出訊號出現後的線，如果開始下跌就是進場的時機。

多空混戰時買進的時間點正好相反。也就是當陰線跟陽線交互出現，看不出趨勢市場陷入多空混戰時，若連續出現2根陽線的話就是買進訊號。買進訊號出現後的線，如果開始上漲就是進場的時機。

用這樣的買賣訊號來進場的重點在於，確定第3根線是陽線(陰線)之後進場的可靠度比較高。

但是，任何方法只有要其優點也必存在缺點，這個方法的重點在於第3根線如果不是續陰或續陽的話，之後的價格變動可能變小，所以，我在第3根線已經朝我判斷的方向快速移動時，就不再確定它是會接續之前的氣勢與否，直接先進場，萬一看錯了就再等待機會出場，而看對了，就可以提早卡位，這樣獲利就豐厚多了。

進場的時機影響到是否能夠獲利、有沒有可靠度，所以希望大家能自己找出來做判斷。只要多嘗試幾次這樣的方法應該就可以找出適合自己的進場時機。

市場混亂時的買、賣訊號

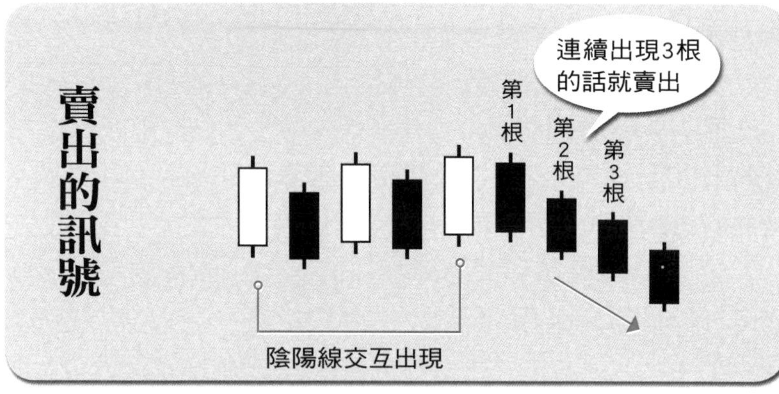
賣出的訊號
連續出現3根的話就賣出
第1根
第2根
第3根
陰陽線交互出現

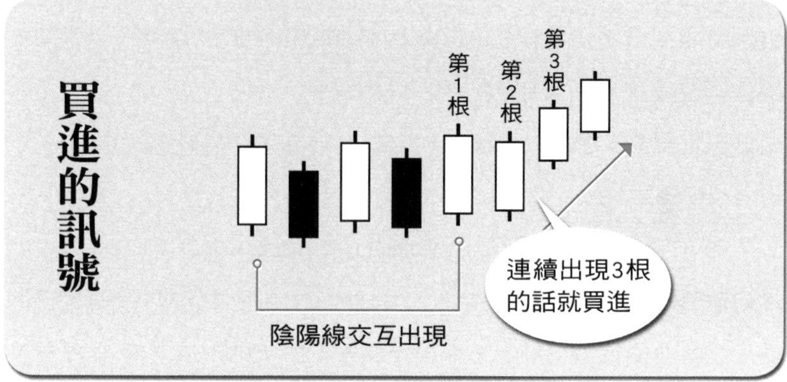
買進的訊號
第1根
第2根
第3根
連續出現3根的話就買進
陰陽線交互出現

▶ 移動平均線

移動平均線的買賣信號我採25MA、75MA的上漲跟突破的時候。也就是說，我以25MA、75MA做為壓力線與支撐線而進行實際的買、賣。

具體來說，當上升行情中的K線要向上方繼續挺進時，如果遇到移動平均線，而出現壓力的話就賣出，如果行情很強，向上突破壓力線的話就買進。

相反的當下跌行情中的K線要向下方繼續探底時，如果遇到移動平均線，而出現支撐的話就買回，如果行情很強，向下跌破支撐線的話就放空。

這邊要注意的是200MA跟75MA很接近的話，即使75MA突破的話也要先觀察一陣子比較好。

200MA的作用是看強力的支撐線與壓力線，所以即使75MA突破也可能在這邊遇到阻力。但是如果200MA突破的話就可以進場。跟依照K線來看買賣訊號一樣，只用移動平均線也是可以操作的，但是為了提高可靠度，在雙方都出現信號時進場會比較好。

▶ 停損問題

停損點要看當時價格的變動而進行調整。而不是因為自己的部位虧錢了，才停「損」，原則上，我認為所謂的停損跟自己在幾塊錢、幾點進場無關，而是從市場來判斷，應該是出場的時候就不計自己的成本該出場就出場。

買進的停損單可能會以高於市價的價格成交，賣出之停損單可能會以低於市價的價格成交。這時候必須要注意如果行情沒甚麼波動或是行情波動劇烈時，有可能在上漲時忽然價格向下而造成強制退場。所以，投資人在操作時特別要留意，應該配合價格波動的激烈程度，機動的調整停損位置。

另外也要注意，萬一停損位置設定不恰當，也有可能造成很大的損失。

接下來，我們要討論，如何在擴大利潤的前提下設定停利的位置。

行情變化的快、慢跟我的交易策略有很大的關係，但若要講一般性的原則，以台指期為例，我會把獲利目標設定在２０～２５點以上為目標。另外，就是在上升行情中等價格突破25MA時進場，在接近75MA的時候，就先把第一個目標設定為75MA。等到價格碰觸到75MA了之後，再看情況是要繼續保持倉位以擴大收益？還是先落袋為安？還是要等到正式75MA突破之後再進場？這都是可行的方式，這邊希望讀者能自己去找出適合的方式。

從移動平均線看買、賣訊號

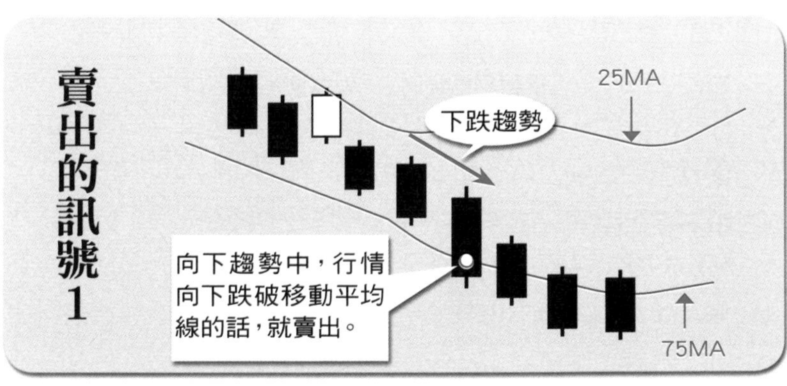
賣出的訊號1
25MA
下跌趨勢
向下趨勢中，行情向下跌破移動平均線的話，就賣出。
75MA

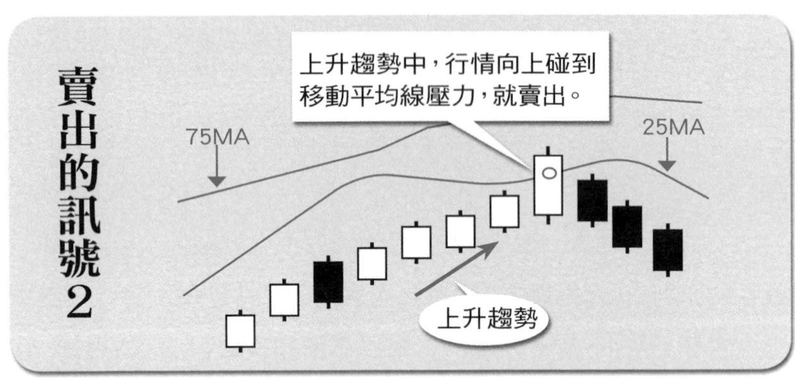
賣出的訊號2
上升趨勢中，行情向上碰到
移動平均線壓力，就賣出。
75MA
25MA
上升趨勢

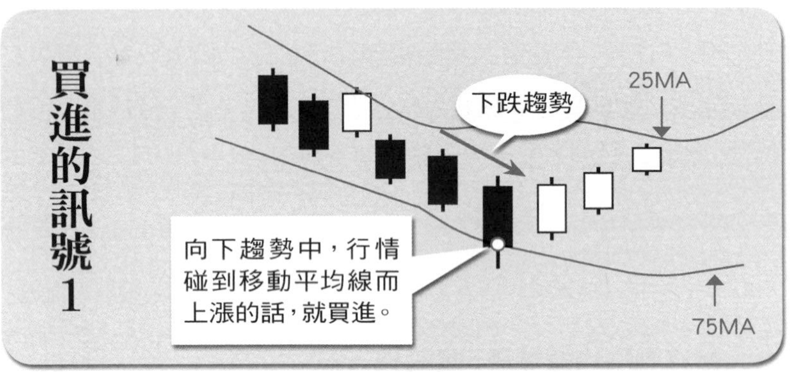
買進的訊號1
下跌趨勢
25MA
向下趨勢中，行情
碰到移動平均線而
上漲的話，就買進。
75MA

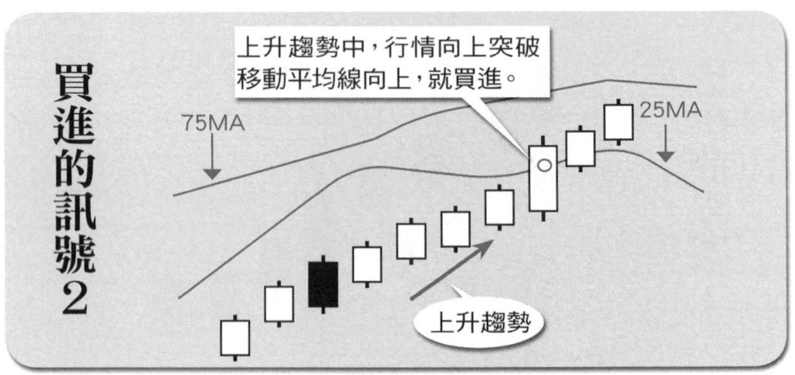
買進的訊號2
上升趨勢中，行情向上突破
移動平均線向上，就買進。
75MA
25MA
上升趨勢

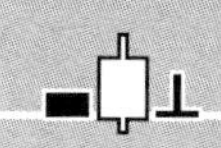

06　一個實際例子

本例是台指期2011年10月16日的5分鐘K線線，以單純的K線來看，標示的地方正處於市場混戰的狀況。會選擇在標示中7380的位置放空，因為前面的水平波動中已經連續出現兩根陰線，而且，第三根看起來是會再度形成陰線，且價格已經跌到25MA之下，所以在確立第3根陰線時進場放空。

停損的點，我選在75MA附近7388~7390之間，依照行情前進的速度，做些微的調整。放空之後行情很順利的延著5MA之下下跌，事實上，若行情繼續下跌，沒有出現向上反轉的徵兆，就可以看情況加碼，但在20分鐘後，一根長陰線落下，之後空頭似乎沒有力氣再戰，在那根長陰線的實體內孕育出一根陽線，下跌的行情在這裡理論上已經得到支撐了，在這裡就先獲利了結出場。

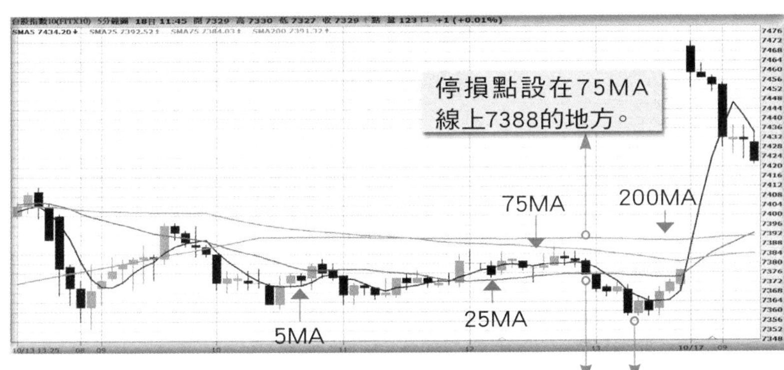
停損點設在75MA
線上7388的地方。
75MA
200MA
5MA
25MA

在這裡7380放空！在這之前K線在一個不上不下的水平之間混戰，在此之前已經有兩根小陰線，且第三根陰線已經快要形成。
再從移動平均線來看，第三根陰線先是跌出5MA，再跌到25MA之下，可確認這裡可以放空。

大陰孕小陽，在這裡應該先獲利了結。

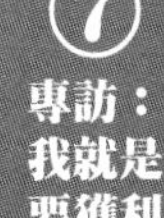
⑦
專訪：
我就是
要獲利

07　對於投資現在的想法

每一位期貨、股票當沖的初學者都很想要快快學好「獲利技術」，我當然也認為它非常重要，但我想，最終能否操作期貨成功，還是心態的部份。

首先，你應該想一想有關期貨這門生意，你的「退場機制」是如何安排的呢？也可以說，你的「期貨目標」之「終極點」在那裡呢？

如果沒有目標隨性而為，賺了10萬、10萬之後下次就挑戰100萬、100萬的賺，然後又把它設定賺200萬、200萬的賺……，如此，就會變成永遠都沒有止境的一味追求利益。

事實上，這樣子的想法是不合理的。

因為期貨畢竟不是一家企業，有相關工作人員、客戶一起成就某件事業，期貨通常是單打獨鬥的事業，不要以為有誰可以像超人一樣可以永遠不斷的操作期貨。

另外，也不能太過自信，自己的方法可以永遠適用，也許某一天就忽然不再適用也不一定。那時候如果仍然固執的不肯變更作法，很可能就會將一直以來賺的錢都賠光。

▶ 要有某一天「必需停止操作期貨」的覺悟

因此，如果你一開始設定200萬為獲利目標，等到目標達成時就必須要有停止操作的覺悟。另外當自己的方法不再適用於市場時，若不找出適用當時市場的方法也可能就賺不到錢。這時候為了減少自己人生的風險，必須要找出期貨以外的賺錢方式。

不容諱言的，當我重新再回到市場之初，的確也是用了5成以

上的本金在交易，希望能因此可以賺到比較多的錢，但是，一面操作一面還是會擔心如果再發生像2008年次貸風暴那樣的事件會失去所有的資產。所以，在操作比較順利比較有心得時，我反而愈來愈保守，心裡想的常常是如何避免資產大幅減少，於是開始考慮如何減少風險，並把操作資金的成數一降再降。

為什麼會這樣子安排呢？

這是從整體投資資金來做考量，並且也漸漸看清，我應該要隨時保持「即使損失也不心痛」的狀態。例如，我只用2口台指期交易，這樣的資金量，只會佔到我資產中的很小部份，就算當天行情完全看錯一天就全部被斷頭，也對我沒有任何影響。這樣子的資金控管可以管制我容易衝動的交易行為，雖然現在還沒有練到很完全，但我把「淡定」做為自己的訓練目標，當你自我訓練的方向的對的，交易就愈來愈順手，沒有看到可靠的買賣信號就不出手，而一出手就已經算好當所有錢在幾分鐘內被「秒殺」也無關緊要。

另外，我想談有關「複利」這一件事。

沒錯，我一開始也是運用「複利」來操作，也就是把賺進來的錢滾在下一個保證金繼續交易。

但是這也相當有危險性的。

所謂複利運用也就是將賺到的錢再當作本金來運用的一種方式。如果用複利的話，利益越大每次可被動到的資金也越大。一直用複利的話，回收變大的同時風險也變大。考慮到這樣的風險，我強迫自己將可用的金錢額度固定，只要累積到一定的利益就將錢

⑦
專訪：
我就是
要獲利

股票獲利智典③
1
日內
交易
篇

從戶頭領出。例如，我的原始保證金是100萬，但當我獲利50萬時，就把50萬領出。不用複利，並且將錢從戶頭部分領出，可以避免資產一下子減少，不管再怎麼賠錢，也會留下某些程度的利潤在手邊。

08　對現在投資者的建議

▶ 一定要做停損

停損點的設定不能是讓自己心痛到下不了手的程度。

設定停損點時如果心中一直猶豫不決，就會永遠做不了停損。即使有時候運氣好，價格上漲並能得到利益，在嚐到甜頭之後每次都重複一樣的事情，這樣就做不了停損。結果就會是一直抱著帳面損失而最終被強制斷頭。可以說如果沒辦法遵守設定的停損點，是沒辦法在期貨市場賺錢的。

▶ 不管輸贏都要保持平常心

當連續賺錢時，就會對自己的操作手法有了信心，而開始提高槓桿希望賺更多的錢。用比平常還要多的交易單進行操作等等，最糟的狀況甚至可能轉變成忽視自己的操作方法而依靠沒有根據的第六感。這樣沒有根據的操作方式也許會贏個1次、2次，但如果一直持續下去，以結果論來說將會產生相當大的損失。相反的，如果持續賠錢，為了取回賠掉的錢，將交易單數增加、應該停利時不做停利，就會錯過停利的時機。甚至應該停損的時候，也容易錯過設定的停損點。

所以為了要保持平常心，很重要的是必須要決定操作的規則，像是「1天操作次數幾次」「1天如果賺多少／賠多少，當天就不再進行交易」等等。透過這樣的方式將心中希望的1天最高利益／損失先設定好，才能確保平常心。雖然經常被人說決定1天只能操作幾次這樣的方式有點浪費，但是心裡要先想好，如果繼續做的話一定會賠錢。如果這樣還不能冷靜下來的話，就先脫離期貨幾天，去做

其他事情或休閒，讓心情平靜下來。

▶ 事先計算好停利點與停損點的平衡

先用個比較極端的例子來看，假設你設定勝率是8成，停利點是10點、停損點是100點，10次交易之後會變成負120點（先不計算手續費），這樣子的交易策略是怎麼樣都不會賺錢的，而且愈到後來越是交易就賠越多。

你或許會說「神經病，有誰會做這種事呢？」

錯了，真的有人會做這種事。

而且我以前就做過。而且常常做。

小賺１０點趕快跑，想要入袋為安；而一直以為行情就要逆轉了，不肯停損出場，最後被迫100點停損，這樣子「勝率」真的有8成，而且「目標」很容易，但是仔細計算損益的話就會發現並沒有賺錢。

將勝率下調到5成，設定停利為25點、停損為15點時，交易10次後計算出可以得到150點的利益。停利停損點的計算不能光憑感覺，必須要仔細的考量。透過這樣的計算，幾次下來就會知道可以獲得的利益會有多少。對於提高自己的利能力也非常有用，一定要記住。

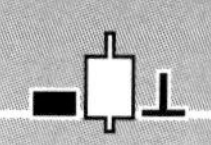

停損的設定方法

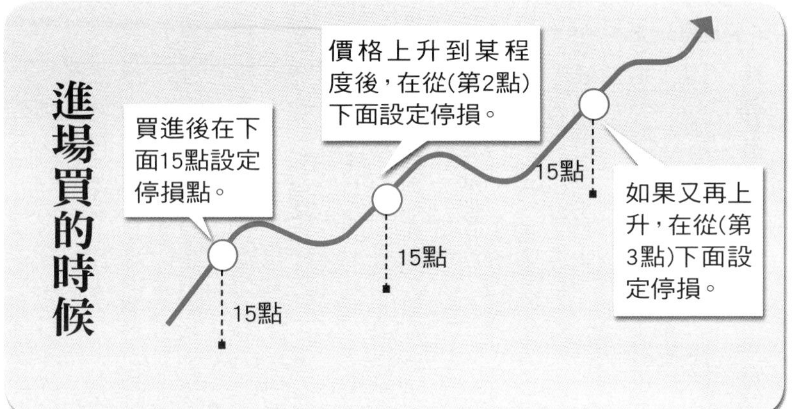
進場買的時候
買進後在下面15點設定停損點。
價格上升到某程度後，在從(第2點)下面設定停損。
如果又再上升，在從(第3點)下面設定停損。
15點
15點
15點

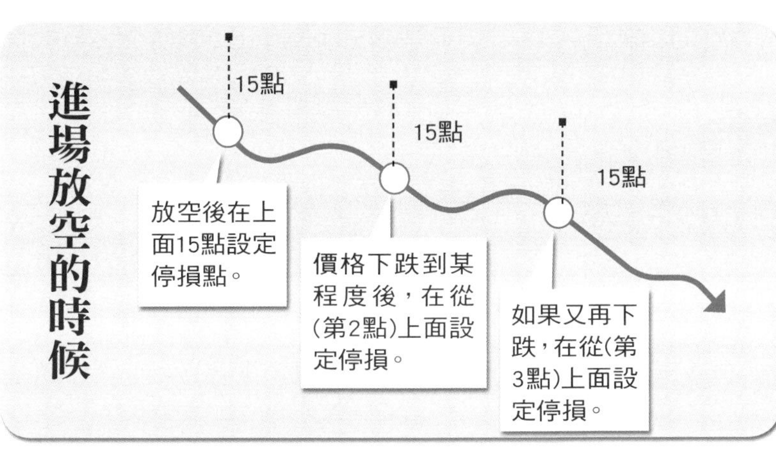
進場放空的時候
放空後在上面15點設定停損點。
價格下跌到某程度後，在從(第2點)上面設定停損。
如果又再下跌，在從(第3點)上面設定停損。
15點
15點
15點

POINT

以買進(賣出)進場後，配合上升(下降)設定停損點，可以適時的出場並獲得利益。

投資達人 VOL. 06
Investor
投資達人 VOL. 07
Investor
投資達人 VOL. 08
Investor
支撐・壓力
投資達人 VOL. 09
Investor
套利與停損
投資達人 VOL. 03
Investor
極短線
投資達人 VOL. 04
Investor
捉起漲點
投資達人 VOL. 10
Investor
40/20交易法則
投資達人 VOL. 01
Investor
買?賣?
投資達人 VOL. 05
Investor
酒田五法
投資達人 VOL. 02
Investor
多?空?
投資達人 VOL. 11
Investor
日線 時線 分線

【訂購資訊】 http://www.book2000.com.tw

郵局劃撥：帳號/19329140 戶名/恆兆文化有限公司

ATM匯款：銀行/合作金庫(代碼006)/三興分行/1405-717-327091

貨到付款：請來電洽詢 TEL 02-27369882 FAX 02-27338407

・國家圖書館出版品預行編目資料

1日內交易篇　／新米太郎 編著.
-- 臺北市：　恆兆文化　2011.10
192面；14.8X21.0 公分　--(股票獲利智典；3)

ISBN　978-986-6489-28-0（平裝）

1.股票投資 2.投資技術 3.投資分析

563.53　100018881

股票獲利智典③　**1日內交易篇**

出 版 所　恆兆文化有限公司
Heng Zhao Culture Co.LTD
www.book2000.com.tw
發 行 人　張正
作　　者　新米太郎
封面設計　DAVID
責任編輯　文喜
電　　話　+886.2.27369882
傳　　真　+886.2.27338407
地　　址　110台北市吳興街118巷25弄2號2樓
110,2F,NO.2,ALLEY.25,LANE.118,WuXing St., XinYi District,Taipei,R.O.China
出版日期　2011/10初版
I S B N　978-986-6489-28-0（平裝）
劃撥帳號　19329140 戶名 恆兆文化有限公司
定　　價　199元
總 經 銷　聯合發行股份有限公司 電話 02.29178022